华东师范大学出版社

KOU YU JIAO JI NENG LI XUN LIAN

口语交际能力训练

职 业 教 育 公 共 基 础 课 程 教 学 用 书

主　　编　　陈慧娟

编写组成员　　许巧燕　李瑞芳

莫娉婷　陈慧萍

出版说明

CHUBANSHUOMING

本书是职业教育公共基础课程教学用书。

本书依据目前职业学校学生的认知特点,设计有很多生动形象的案例、贴近生活的情景演练,帮助引导学生去思考、分析、归纳口语交际的规律与技巧、理念与策略。坚持理论与实践相结合,重视学生的课堂参与,在课堂上实现学中有练、练而有法、练而有序、练而有成,真正实现学生综合素质和职业能力的提升。

本书设计有以下具体栏目:

案例与启发 通过生动、形象的案例小故事来启发学生,使其对接下来的课程产生兴趣。

思考与争鸣 在阐述完相关知识点后,引导学生主动积极思考。

演练与提高 在教授完阶段性知识后,通过角色扮演或情景再现等演练式活动,提高学生的交际能力和沟通技巧。

主题要点 对每个主题的关键知识点进行归纳总结。

一周训练计划表 针对每个主题的关键技能点设计一周操练任务,让学生在实践中巩固所学。

华东师范大学出版社

2015 年 5 月

前　言

　　随着全球经济的一体化,国际合作日益密切,人际交往更加频繁,从国际谈判到市场营销再到求职应聘,口语交际成为与人形影不离的语言活动,口语交际能力成为一个人素质高低最直接的反映。世界各国都非常重视口语教学,在美、德、法、英、日等发达国家无论是学校教育还是成人教育都重视开设口语交际的相关课程,如美国小学就有口语训练课,中学和高等院校则把演讲与交际作为必修课开设。然而长期以来,我国中小学并未把口语交际独立设科,口语交际教学基本上依附语文学科的教学进行,由老师根据读写教学的需要来取舍,口语交际训练的课时得不到保障。自 2001 年国家教育部颁布了《中等职业学校语文教学大纲(试行)》要求,对中职口语交际能力提出了具体要求,口语交际开始得到重视和课时的保证,但众多口语交际教材的训练中心依然偏向于普通话练习,对交际能力训练重视不足。许多中职学生不善与人交往,说话辞不达意、语无伦次。这与 21 世纪开拓型人才的培养标准相去甚远,对学生的可持续发展极为不利。为此,我们结合职业学校各个专业对口语交际能力的具体要求编写了这本教材。

　　本书紧密结合职业教育的特点,在教材体例设计上尽量克服口语交际教学长期以来存在的"重理论、轻演练"的弊端,以口语交际能力训练为目的,把教学内容与专业实践相结合,把学与练紧密结合起来。为此,本书设计了"案例与启发"、"演练与提高"、"思考与争鸣"、"一周训练计划表"等栏目,力求通过新颖的体例,以生动形象的案例、贴近生活的情景演练引导学生去思考、分析、归纳口语交际的规律与技巧、理念与策略。本书的编写坚持理论与实践相结合,重视学生的课堂参与,在课堂上实现学中有练、练而有法、练而有序、练而有成,真正实现学生综合素质和职业能力的提升。

　　本教材分为上篇、下篇两部分,上篇注重培养学生的通用语言能力,下篇注重培养学生的职业语言能力,既考虑到口语表达的共性,又兼顾到职业口语的特性。参与本书编写的人员大多是来自教学一线的老师。感谢中国移动通讯公司厦门分公司的陈慧萍女士为教学编写提供了大量详实的案例,并给予了专业的指导,使得本书的内容更加丰富,也更加贴近专业实际。希望本书也能对口语交际教学相关的研究人员或想要提高口语交际能力的自学者有所助益。

本书在编写过程中参阅了许多专家、学者的研究成果,在此表示感谢! 对于书中的疏漏之处,敬请读者批评指正。

编　者

2015 年 5 月

目　录

上 篇
通用语言能力训练

模块一　基本语言能力训练

第一章　听辨训练

主题一　倾听

> 大自然赋予人类一张嘴、两只耳朵，就是要我们多听少说。
>
> ——苏格拉底

西方有位哲人说过，"世间有一种成就可以使人很快完成伟业并被世人认识，那就是讲话"。通观古今中外，凡是有作为的人，都把口才作为必备的修养之一。那么，是不是那些巧舌如簧、能言善辩的人就是人际交往中的常胜将军，会成为人际交往中最受欢迎的人呢？我们发现实际上并不是如此，反而是那些善于倾听、能够体恤对方的心情、积极分享对方的心事、引导彼此谈论些自然生动的话题的人，才是生活中最受欢迎的人。

一、倾听的重要性

美国语言学家保尔·兰金等人认为，人们在日常交往中，言语实践的使用情况是：9％用于写，16％用于阅读，30％用于说话，45％用于倾听。在人际交往中，倾听占据如此大的比重，其重要性不言而喻。

《世界经理文摘》归纳出了成功决策者的九大特质，其中之一就是善于倾听。许多研究也明确地指出，良好的倾听者通常有着较高的职位，他们远比那些缺乏倾听技巧的人拥有更多的升迁机会。

📖 **案例与启发1-1**

一位著名的推销专家向某公司一百多位业务员作辅导报告。报告结束后，他对公司的董事长说："我能够从这些员工中把你公司的精英人士指出来，你相信吗？"

随后，专家请出了两位先生和一位小姐。

的确，他们三人是公司里业绩最出色的高级骨干。董事长感到不可思议。

专家解释说："道理很简单，所有客户的选择和我是一样的，只要你会认真仔细地聆听，你就能赢得我的好感，也为销售业务的成功开展打好了基础。"

为什么倾听如此重要？请结合自己的生活经验分析倾听在人际交往中的作用。

二、倾听的要求

案例与启发 1-2

乔伊·吉拉德是当今美国头号汽车推销员,他创造了在一年之内推销 1425 辆汽车的吉尼斯纪录。但他在成功的道路上也曾经失败过。

有一天,乔伊向一位知名人士推荐一辆新款车,对方对商品非常中意,可到了签约时,对方突然不想买了,乔伊百思不得其解。这天深夜,他忍不住给那位先生拨了电话,想要知道是什么原因。

电话那头问乔伊:"这么晚了,你现在是在用心听我说话了吗?"

"是的,尊贵的先生,我非常用心。"

"可是,今天下午你没有。就在签字之前,我提到我儿子即将进入大学深造,又提到他将来的远大抱负,我还提到他优秀的体育成绩。我以他为光荣和自豪,但是你却没有任何反应。"可乔伊却记不起对方曾经说过这些。

电话那头继续说:"当时,你根本没在意我说的。我看得出来你正注意听着旁边那个人讲的笑话。这就是我变卦的原因。"

乔伊·吉拉德为什么推销失败?生活中你是否也有过类似的失败经历?你认为积极的倾听应该有哪些具体要求?

(一)专注

专心地听,排除所有杂念。倾听者首先要有认真对待倾听的态度,要把倾听看成是一个主动的过程,以积极的态度去欣赏、理解、辨别、提炼说话者的真实用意;其次要排除杂念。心理学家的实验统计表明:一般人说话的速度为每分钟 120～180 个字,而听的速度比说话的速度快约 5 倍。只有很好地听取别人的,才能更好地说出自己的。

思考与争鸣 1-1

请问你有什么方法可以让自己在倾听的过程中集中注意力?

(二)同理心

站在说话者的立场,了解其想要传达的讯息。你应该努力去理解说话者想要表达的意思,暂时摒弃自己的想法与感觉,而从说话者的角度调整自己的观感,这样可以进一步保证你对所

口语交际能力训练

听到的信息的理解与说话者的本意符合。

表达同理心常用的语言有："我理解您的感受"、"您说得很对"、"我也会很生气"等。

 演练与提高 1-1

　　一位同事对你说："我已经是连续第四年在做同样的工作了,而且每天做同样的事情是很枯燥的。我感到,我虽然能很好地完成现在的工作,但并不能满足自己,我需要重新证明自己的能力。"你认为应该怎样以同理心对这位同事进行回应呢?

_____

_____

（三）接受

　　客观地倾听,不加判断,接受说话者所说的。当我们听到不同于自己的观点时容易在心里强调自己的看法并反驳他人所言,这样做很可能使我们漏掉一些重要的信息。积极的倾听者应该有耐心,理解并接受对方所言,而且不妄加批评。

 演练与提高 1-2

　　如果你发现自己面临以下几种问题时,你认为下面三种回应中哪种最恰当:

（1）一位亲密的朋友对你说："老板说我工作速度太慢,如果我不改进的话就要炒我鱿鱼。"

a."我想你得拼命工作了。"

b."你不应该怕他,你可以再找一份工作。"

c."听上去这份工作对你很重要,你也不愿失业吧?"

（2）邻居抱怨说："看来我别无选择,只有让我妈妈搬来和我一起住了。"

a."你应该这样想:她养大了你,现在该你回报她了。"

b."我想你心里肯定很高兴又能和她住一起了。"

c."你是担心这样做会对你的生活带来不便吧?"

（四）完整性

　　听者要尽可能了解说话者所要传达的完整信息,同时还要注重对非语言信息的收集。非语言信息包括对方的衣着、行为、身体特征,以及所处的位置等。

思考与争鸣 1-2

　　非语言信息常常比语言信息更加难以正确理解,因为同一个信息(比如:微笑或者环抱手臂)可能传达的意思是完全不同的。那有什么方法可以检验你的理解是否正确呢?

_____

_____

三、影响倾听的因素

（一）观念因素

人们往往把倾听简单理解为"听"，认为听就是一种被动的行为，其实这两者有着根本的区别，有效的倾听应该是一种积极主动的行为。

生理学上讲，声波经空气媒介，经由耳朵，传递到大脑神经，使人产生听觉。所以，"听"是与生俱来的，是人的感觉器官对声音的生理反应，而"倾听"则是将声音转化为意义的过程。

国际倾听协会对倾听的定义是：接受口头及非语言信息、确定其含义和对此做出反应的过程。与"听"相比，"倾听"的要求更高，它不仅仅是要用耳朵来听，还需要一个人全身心地去感受对方在谈话过程中表达的语言信息和非语言信息。倾听既要能听出话语表层的事实，更要能听出话语背后的情感，并能作出恰当的回应。

 演练与提高 1－3

请在下表中列出听与倾听的区别：

听	倾听

（二）情感因素

倾听者会根据自身的喜好，有选择地获取信息，比如：男生可能会乐于倾听自己感兴趣的足球、网络游戏等相关话题，而女生则会对衣服、护肤品、美食等话题敏感。此外，沟通双方认知的冲突、倾听者的精神状态等都可能影响倾听的效果。

（三）技能因素

"听见"不等于倾听。要知道"听"是有不同的层次差别的。在戴尔·卡内基训练的架构中，听的层次由低到高共分五种：

第一种完全漠视的听，简言之，就是不做任何努力的听，或者说听了也当没听见，不做任何回应。这是最糟糕的一种听。

第二种假装在听，就是做出聆听的样子让对方看到，但事实上并没有用心在听。

第三种选择性的听，是带有先入为主的观念，只听自己想听的部分，而且越居高位者，听的层次越有可能局限于此。上述三种层次的听，都不是真正的倾听，但约有 70% 的人在沟通中是属于这三种类型。

第四种积极换位思考的听，才是倾听。在对方讲话的时候，眼神能看着对方，专注地听，并且撇开成见，站在对方立场进行思考。这种倾听不但可以听到事实，还可以听到对方的心理。

而这些信息,远比话语本身更重要。

至于第五种专业咨询的听,则需受过专业训练才能获得。这种倾听技巧能在对方不愿表达埋在心底的想法时,通过技巧询问使对方讲出来,并且解决问题。

在现实生活中,我们应该致力于发展第四种倾听能力,也就是积极倾听的能力。

(四)环境因素

外在环境对倾听效果会产生一定的影响。

任何沟通都是在一定的环境中进行的,环境因素是影响倾听效果的最重要因素之一。环境中的声音、气味、光线、色彩以及布局,都会影响人的注意力与感知。环境因素不仅包括客观环境因素,还包括主观环境因素,如:交谈双方的心情、性格、衣着,以及谈话人数、话题等。

思考与争鸣 1-3

当你要和朋友谈论私人话题时,你会选择什么样的沟通环境?当你要和同事或客户交谈业务时你又会选择什么样的环境?

四、倾听的策略

(一)创设良好的倾听环境

1. 适宜的时间和地点

谈话地点的选择必须保证交谈时不受干扰或打扰。如果条件允许,可根据沟通的需要,慎重选择有助于倾听的时间。很多人工作效率最高的时间是早晨,所以他们适合把重要的汇报安排在早晨;而对大多数人来说,一天当中状态最差的时间是在午餐后和下班前,因为人在饱食后很容易疲倦,而在下班前又不愿被过多地耽搁,应尽量避免在这些时间里安排重要的汇报。

2. 避免时间限制

如果你时间有限,而这个谈话又很重要或很复杂,那么最好另约时间详谈。

3. 尽量排除所有分心的事

尽量不要让外部的人和事干扰到你们的交流。

4. 营造良好的沟通氛围

要根据交谈内容来营造氛围。谈论工作上的事情时,应该注意营造一个严肃、庄重的氛围;而联欢晚会,则要营造一个轻松、愉快的气氛。同样一句话在不同的氛围下传到听者耳朵里的效果是不同的。

案例与启发 1-3

尼克邀他的销售经理一起共进晚餐,顺便探讨一下近期公司的业务情况。可是就餐时,每次那位漂亮的女服务员经过他们身边时,销售经理的视线就会一直追随着她。尼

克当时感到自己受到了莫大的侮辱，"那位漂亮的女服务员显然要比我们的谈话对他更重要。他一点都没有认真听我讲话，他完全漠视了我的存在！"这顿晚餐一下子变得索然无趣，他们原先想探讨的话题最终也不了了之。

销售经理与尼克的交流过程中出现了哪些影响倾听的不良因素？在日常沟通中应该如何克服？

（二）养成良好的倾听习惯

① 对说话者表示兴趣，保持视线接触。这是让对方相信你在注意倾听的最好方式。

② 尽量把自己讲话的时间缩减到最短。

③ 专心，全神贯注。在沟通中，只有把注意力集中在对方身上，才能够进行倾听。点头或者微笑表示赞同对方正在说的内容，表明你与说话人意见相合。

④ 关注中心问题。当我们和人谈话的时候，可以适时做些停顿，在心里回顾一下对方讲的话，整理出其中的重点。

⑤ 接受并给出回应。可以通过复述对方所讲过的内容，以确认自己所理解的意思和对方一致，如："您刚才所讲的意思是不是指……"、"不知道我的理解对不对，您的意思是……"。

⑥ 平和的心态。不要将其他的人或事牵扯进来。

⑦ 倾听中只针对谈话内容而不是谈话的人。诚实面对、承认自己的偏见，并能够容忍对方的偏见。

⑧ 抑制争论的念头。争论对沟通没有好处，只会引起不必要的冲突。学习控制自己，抑制自己争论的冲动，放松心情。保持耐心，让对方讲完，不要打断。

⑨ 不要臆测，也不要过早作出结论或判断。当你心中对某事已有决断时，就不会再听进他人的意见，沟通也会被迫停止。

⑩ 做笔记不但有助于倾听，而且有集中话题和取悦对方的作用。

⑪ 鼓励交流双方互为倾听者。用眼神示意、点头或摇头等身体语言鼓励对方，或要求别人也倾听你的发言。

 演练与提高 1 - 4

根据下表检视自己的倾听习惯，有意识地对照着训练。

序号	好的倾听者	差的倾听者
1	适当地使用目光接触	不保持目光接触（眼神迷离）
2	对讲话者的语言和非语言行为保持注意和警觉	对讲话者不感兴趣（漠不关心、像在做白日梦）

口语交际能力训练

序号	好的倾听者	差的倾听者
3	容忍并且不打断(等待讲话者把话讲完)	打断讲话者(不耐烦)
4	使用语言和非语言的表达做出回应	心烦意乱(坐立不安),不注意讲话者
5	用不带威胁的语气来提问	谈论太多
6	解释、重申和概述讲话者所说的内容	改变主题
7	提供建设性的反馈	很少给讲话者反馈或根本没有任何语言和非语言的反馈
8	站在对方的立场倾听(起理解讲话者的作用)	给出不必要的忠告
9	显示出对讲话者的兴趣	自己抢先发言
10	展示关心的态度,并愿意倾听	忙得顾不上听
11	不批评、不判断	做单方面的判断
12	敞开心扉	思想封闭

五、倾听的技巧

倾听的技巧是有效影响力的关键,它是由鼓励、提问、反馈等技巧组成的。倾听的这些技巧可以通过练习得以提高。

(一) 倾听的鼓励技巧

鼓励旨在促进对方的表达意愿。鼓励有以下几种形式。

1. 使用积极的肢体语言

倾听时,多运用一些积极的肢体语言,如:自然的微笑、得体的坐姿、亲切的眼神、点头或手势等,能够起到促进交流、消除心理隔阂、鼓励交谈者自然而尽情地表达等作用。

积极的肢体语言要求:

① 目光接触。虽然倾听用的是耳朵,但是别人却可以通过观察你的眼睛来判断你是否认真在听。保持目光的适度接触,对方会觉得你有在认真听他讲话,这会大大地激发对方说话的兴趣。

② 要适时地点头表示赞许,还要配合恰当的面部表情。通过一些非语言的信号,如:表示赞同的点头、表示善意和认同的微笑,都可以让说话的人知道你在认真地倾听。

③ 在倾听时,切勿出现下列举动:一直看表,心不在焉地乱翻档案,随手拿笔乱写乱画,随意打电话,叩桌子等。这会让说话者感到你很厌烦,对话题不感兴趣。更重要的是,这表明了你并没有集中注意力,很可能会漏掉说话者传达的一些有效的信息。

④ 注意与说话人之间的距离要恰当,一般来说要在 2 米以内。如果关系较亲密,则可以保持在 75 厘米左右。

2. 话语鼓励

除了肢体语言以外,话语在积极倾听过程中也发挥着十分重要的作用。

用一些口语词汇告诉你的讲话者:我正在听你说话,请你继续说。比如:嗯,对,是的,好的,我明白了等。既能表示你对谈话感兴趣,又能鼓励对方继续讲下去。

不断向沟通对象传递接纳、信任与尊重信号,或者偶尔复述沟通对象讲的话,或者用鼓励、请求的语言激发对方,比如:"您说的非常有价值。""请接着讲。"一方面可以使对方感觉受到了重视,另一方面又能引导对方把话说透彻。

(二) 倾听的提问技巧

在倾听过程中,提问是以探索方式获得更多对方的资讯。

提问的目的是让表达者表达的信息更加清楚,并用以确认倾听者对表达者信息知觉的准确性。常用的句式有:"你的意思是说……?""你能试着描述……吗?"

案例与启发 1-4

小公主生病了,她娇憨地告诉国王,如果她能拥有月亮,病就会好。国王立刻召集全国的贤人智士,要他们想办法拿到月亮。

总理大臣说:"它远在三万五千里外,比公主的房间还大,而且是由熔化的铜所铸成的。"

魔法师说:"它有十五万里远,用绿奶酪做的,而且是皇宫的整整两倍大。"

数学家说:"月亮远在三万里外,又圆又平像个钱币,有半个王国大,还被粘在了天上,不可能有人能拿下它。"

国王又烦又气,只好叫宫廷小丑来弹琴给他解闷。小丑问明一切后,得到了一个结论:如果这些有学问的人说得都对,那么月亮一定和每个人想的一样大、一样远。所以当务之急便是要弄清楚小公主心目中的月亮到底有多大、多远。

于是,小丑到公主房里探望公主,并顺口问公主,"月亮有多大?""大概比我拇指的指甲小一点吧! 因为我只要把拇指的指甲对着月亮就可以把它遮住了。"公主说。

"那么月亮有多远呢?""不会比窗外的那棵大树高! 因为有时候它会卡在树梢间。"

"月亮是用什么做的呢?""当然是金子!"公主斩钉截铁地回答。

比拇指指甲要小、比树要矮、用金子做的月亮当然容易拿啦! 小丑立刻找金匠打了个小月亮,穿上金链子,给公主当项链,公主很高兴,第二天病就都好了。

为什么国王及众大臣一筹莫展,而小丑却能够读懂公主的心事呢?

_____

_____

在倾听过程中,恰当地提出问题,与对方交流思想、意见,往往有助于人们互相沟通。适时、适度地提问往往有尊重对方的意味,不仅能够促进、鼓励讲话者继续发言,而且能够从对方谈话的内容、方式、态度、情绪等方面获得更多的信息,从而促进双方和谐关系的建立。要做到适时、适度的提问需要注意以下方法和技巧：

① 提出的问题要明确，同时还要尽量做到语言精练、观点明确、抓住重点。

② 提出的问题要精而少。至于提多少问题比较合适，则要根据谈话的内容，交谈双方的个人风格特点而定。

③ 提问要紧紧围绕谈话内容和主题，不应漫无边际提一些随意而不相关的问题，这样既会浪费双方时间又会淡化谈话主题。

④ 提问应注意把握时机。过早的提问会打断对方的思路，显得十分没有礼貌；过晚的提问会被认为精神不集中或未能理解，也会产生误解。一般情况下，在对方将某个观点阐述完毕后应及时提问。

⑤ 提问应采取婉转、礼貌的方式，避免使用不友好、不礼貌的问话方式和语气。

⑥ 提问应注意适应对方的年龄、民族、身份、文化素养、性格等。如对方热情率直，你就坦诚直言；若是多疑防备之人，则应旁敲侧击，迂回进行。

（三）倾听的反馈技巧

反馈是有效倾听的一个重要组成部分。反馈，即信息的接收者在接收信息后，及时地回应沟通对象，向沟通对象告知自己的理解、意见和态度，以便澄清信息传递过程中可能出现的误解和失真。在倾听过程中，有效反馈可以起到激励和调节的作用。我们在倾听过程中可以从下面四个方面进行有效反馈：

① 反馈内容：以听者自己的语言表述对方谈话的基本内容。

② 反馈感受：用简练的语言向讲话者反映他所流露的情感。

③ 反馈含义：把对感受和内容的反馈结合在一起。

④ 总结性反馈：极为简练地概括长时间谈话中的最重要因素。总结性反馈常用以下句子结构："你要表达的主题好像是……""咱们来概括一下迄今为止讨论过的问题……""听你话里的意思，你的主要顾虑好像是……"。

在反馈的过程中，我们可以采用下列几种方式：

① 用简单的语句回应对方的陈述。

② 复述讲话者的话，把"我"改成"你"。

③ 用自己的语言解释讲话者的意思。

④ 适时提问。

倾听是一种生活方式，一种思维倾向，它能促使个人成功地转型，更善于处理多种沟通的情况。倾听并非只是一种被动的，或是不必花费心力的行为，而是主动、积极的，需要付出相当的努力，这也是为什么大多数的人都无法好好倾听的原因。倾听是一种可以通过实践操练得以培养和提高的能力。掌握倾听的技巧并非很难，只要我们意识到倾听的重要性，克服心中的障碍，从小处做起，重视倾听习惯的养成，持之以恒，相信肯定能够取得成功。

主题要点

1. 在人际交流时间里，有 9％用于写，16％用于阅读，30％用于说话，45％用于倾听。

2. 倾听的要求：专注、同理心、接受与完整性。

3. 影响倾听的因素:观念因素、情感因素、技能因素、环境因素。

4. 倾听的策略:创设良好的倾听环境;养成良好的倾听习惯。

5. 倾听技巧由鼓励、提问、反馈等技巧组成。

一周训练计划表

时间安排	训练内容	效果评估
星期一	观察身边人的沟通过程,记录他们在倾听中的表现	
星期二	给宿舍里的人讲故事,观察并记录他们倾听时的表现	
星期三	倾听不同年龄层次的人的谈话,总结自己在倾听过程中的表现	
星期四	走出校园,到超市、餐厅、广场等公共场合与陌生人攀谈,观察并记录他们倾听时的表现	
星期五	写一份倾听观感	

主题二　提问的技巧

谁问得多,谁就学得多,那么他所拥有的就更多。

——培根(英国哲学家)

我们总是知道寻找问题的答案,但却很少知道怎样找到问题。学会如何提问是我们每个人都应该掌握的技巧。提问的技巧,在于清楚知道什么时候问什么问题。提问对于了解对方,获取信息,促进交流都有很重要的意义。一个掌握了提问的礼仪、善于提问的人,不但能掌握交谈的进程、控制谈判的方向,而且能开启对方的心扉。爱因斯坦说:"提出一个问题往往比解决一个问题更重要。"尤金·尤涅斯库说:"答案不能给人启示,给人启示的是问题。"而每一个问题的提出都应该是有目的的。

一、提问的目的

在人际交往中,提问有一般性的交流目的,比如,通过提问促进人与人的关系。我们每天遇到熟人都会说:"小陈,上哪儿?""老林,你来啦?"很显然,问题本身并不是我们关心的,而是用这种问候进行感情交流。这类提问是为了实现特定的交际目的。

提问不在于多,而在于善。善于提问的人总是能够达成自己的交流目的。"提问者掌握主动权"是一个著名的定理,通过提问,我们可以将对方的兴趣引向某个特定的话题,较为快速、有效地达到我们的目的。下面几则简单的对话展示了如何对提问进行控制:

①"我有什么可以帮到您的么?"在这种情况下要求谈话对方列举其需求。

② "您找……?"在这种情况下要求谈话对方表明其愿望。

③ "您想要 A,还是更喜欢 B?"在这种情况下,提问具有一种导向作用。

思考与争鸣 1-4

在人际沟通中,通过提问还可以实现什么目的?

_____

_____

詹姆斯·狄龙在其经典著作《提问与指导》中指出,一旦弄清我们自己想得到什么样的答案,就可以了解我们提问的目的。不妨问问自己:"我想了解或弄清楚什么? 我怎么处理对方的答复? 对方的回答能帮我解决问题吗?"

一旦双方都清楚了谈话的目的,我们就可以开门见山地提出问题了。

案例与启发 1-5

不少人喜欢在面条中加鸡蛋,因此面馆在卖面条时总要询问:"加不加鸡蛋?"后来,某个面馆的老板要求店员把问话改动一下,变为"加一个鸡蛋还是两个鸡蛋?"结果,面馆的鸡蛋销售大增,利润上升。

两种问法哪种更好,为什么? 日常生活中你是否遇到过类似的问话?

_____

_____

二、提问的技巧

(一)把握提问的时机

亚里士多德说过:"思想会使人说出当时当地可能说的和应当说的话。"说话主体所感知的自然环境、社会环境、心理环境和语言环境,这四个要素构成了时境。孔子在《论语·季氏篇》里说:"言未及之而言谓之躁,言及之而不言谓之隐,不见颜色而言谓之瞽。"意思就是说,不该说这话的时候却说了,叫做急躁;应该说这话时却不说,叫做隐瞒;不看对方脸色便贸然开口,叫做闭着眼睛瞎说。孔子讲的,就是根据时境把握说话时机的问题。

把握好提问的时机很重要。在提问之前,我们不妨做如下检视:"现在是合适的提问时间吗?""这里是询问的最佳场合吗?""谁是真正的决策者?"

思考与争鸣 1-5

在对话过程中,什么时间点提问最合适?

_____

_____

（二）要因人设问

提问是开启谈话的金钥匙。只要掌握了一定的问话尺度，就足以应付各种各样的人。那么，是不是什么问题都可以提问？什么样的问题最容易打开对方的话匣子？

提问应与对方的年龄、职业、社会角色、性格、气质、教育程度、专业知识深度、知识广度、生活经历相适应，交谈对象的特点决定了我们提问是否应当率直、简洁、含蓄、委婉、认真、诙谐、幽默、周密、随意等。提问时，还要根据交谈内容和目的的不同，采取不同的提问方式。

 演练与提高 1−5

假定你的谈话对象是一位医生（房地产经营者、电器业从业者、教师、公务员等），你会怎么提问开始彼此的交谈？

_____

_____

问话的原则：最好是问对方应该知道的问题或最在行的问题。

思考与争鸣 1−6

在日常交流中，你不喜欢别人问到你哪些问题？

_____

_____

对敏感问题的提问要委婉。由于谈判的需要，有时需要问一些对方敏感的、在公众场合下通常忌讳的问题，最好是在提问之前略加说明，这是避免引起尴尬的技巧。

因人设问也要考虑对方应答的心理。使人乐答者为上乘，使人必答者为中乘，使人迫答者为下乘。

（三）讲究提问的方法

提问时要尊重对方，注意态度和语气，创造"问者谦谦，言者谆谆"的气氛；提问时也要体谅对方，考虑怎样提出问题才便于对方愉快地给予答复。一般来说，具体的问题便于回答，抽象的问题难以回答；提出的问题具有先后逻辑顺序的易于回答，逻辑顺序混乱的问题难以回答。

1. 问题要具体

抽象的问题往往只会引出笼统的回答，只有具体的提问才有可能达成沟通的目的。

2. 问题要简明扼要

提问太长、太多有碍于对方的信息接收和思考，当问题较多时，应每次至多问一两个问题，待对方表示回答完后，再接着往下问。

理想的问句与陈述的百分比是 80% 的问句 $+20\%$ 的陈述。

3. 问题要先后有序

提问要讲究逻辑顺序，注意应当由小到大、由表及里、由易入难、由具体至抽象，从对方熟悉的、直观的、易于回答的问题问起，并注意前后问题之间的逻辑联系。

口语交际能力训练

4. 提选择性问题时,把期待的选项放在最后

日本著名的心理学家多湖辉说过这样的话:根据人们选择后者的思维习惯,在有两个以上的选择时,将你所期待的问题放在最后,就能获得满意的回答。

5. 提问的最佳语言模式

提问的最佳语言模式是陈述句+疑问语缀。例如:"你的提议很不错,能更详细地介绍下吗?""不知道其他同学意下如何,愿意交流一下吗?""这是活动的设计方案,我想征求一下你的意见,可以吗?"

 演练与提高 1-6

练习发问:如何将以下要求改变成有效的、积极的提问?

(1) 今晚我们必须将事情做完。

(2) 小林,你想看电影吗?

三、提问的类型

常见的提问类型有以下几种。

(一) 封闭式提问

封闭式提问是指可以在特定领域中引出特定答复(如:"是"、"不是"或"不知道")的问句。此类问题的一般形式为"是 A 还是 B",目的是让对方在自己事先设定好的选择项中进行选择,便于控制。例如:飞机上空姐在给乘客提供饮料时,询问的方式往往是:"您要咖啡、果汁还是水?"

封闭式提问适用于收集前期信息、附加信息,或者对重要细节的澄清和强调。当你想简短地获得信息并且有目的地做出一致决定时,封闭式提问是最佳选择。

 演练与提高 1-7

假如你是某汽车品牌的销售顾问,有位客户来到你们汽车展厅,你如何通过封闭式提问了解对方的需求?

(二) 开放式提问

开放式提问是将回答的主动权让给对方的一种发问。这类问题可促使对方思考,从而发现对方的需求或者证实自己的推测是否准确,需要注意的是此类问题的回答往往是发问方不可控制的,但是在日常生活中运用得最为广泛。例如:"暑假里你有什么出游计划吗?""晚饭想

口语交际能力训练

吃什么?"

开放式提问的目的是寻求更多信息,不能简单地用"是"或"不是"来回答,必须加以详细说明。

开放式提问一般分为以下两种类型:

① 阐述性问题,一般需要对方作阐述性的回答。这类问题有助于双方的相互理解。例如:"你发现了什么?""你认为什么时候解决这个问题合适?"

② 辩护性问题,这类问题易使双方站在相对立的立场上,故应该注意场合、口吻、态度,避免激起对方的反感。例如:"为什么你要采取这项措施?""这些数据你是怎样得出来的?"

 演练与提高 1-8

请分别用封闭式提问和开放式提问来向一家航空公司订一张机票。

思考与争鸣 1-7

请列举出你日常生活中的一些开放式问题和封闭式问题? 你认为开放式问题同封闭式问题的区别在哪里?

(三)效益附加式提问

效益附加式提问是以洽谈的内容能给对方带来的满足和利益来劝服的问句。它是销售或商务谈判进入到实质性阶段时,必须要运用的一种效果很好的沟通艺术。

效益附加式提问的表述习惯往往是这样的:陈述(产品特征)+效益(对方可获得的利益)+封闭式或开放式提问。比如,让你推销某品牌家用燃气灶。该燃气灶是红外线自动点火,能节约使用燃气,点火方便。推销这种产品你就可以用效益附加式提问:"这种灶具有红外线自动点火功能,液化气的使用很节约,(陈述产品特征)如果您使用了这种灶具,只需每两个月才换一次液化气,这样既省钱又省力,使用也方便,(对方可获得利益)您感兴趣吗?(一个封闭式发问)"

 演练与提高 1-9

一位女士回家路上进入一家面包房买蛋糕,她要买巧克力蛋糕。但不巧的是巧克力蛋糕都卖完了。如果你是接待这位女士的营业员,你会怎么做呢?

口语交际能力训练

（四）反馈型提问

在人际沟通中,对话双方为了实现有效沟通,需要认真倾听对方的话语,并做出积极反馈。在反馈过程中,为了确认是否准确理解对方的意思,需要借助提问来实现反馈的目的。

① (四年级的小学生)我不想做这个该死的作业,我不要学习这些数学,反正女孩子不需要知道这个。

理解:她说她不想做数学作业,她认为这对女孩子来说不重要,她是否真的不关心数学,或因为数学成绩不好而否认自己的学习能力?

提问:你是说你真的不喜欢……还是……

② (一个中年男人)我对于现在的身体残疾感到沮丧。我感到再也不能像过去一样做事,这不仅影响到我的工作,而且影响到我的家庭。我感到自己一无是处。

理解:他感到自己对他人无用,他不清楚自己变得和以前怎样不同了,而且否认残疾的影响。

提问:和过去相比你觉得自己在哪些方面发生了变化呢? 或者,你是说对残疾感到灰心丧气还是说你对残疾带来的后果感到不方便?

 演练与提高 1-10

领导说:×××,明天上午和我一起出去。
① 你是否需要问领导几个问题?
② 问什么问题?
③ 为什么要问? 目的是什么?

_____

_____

四、提问题时常见的问题

（一）问题过于宽泛

 案例与启发 1-6

小米是一位大学行政人员的妻子,最近,她说自己对生活感到厌烦。为什么呢?"因为一整天,陪伴我的就只有两个孩子:一个三岁,另一个还是婴儿。老公一回来,我都会问他:'今天怎么样?'我真的想得到他的回答。但他却说什么呢? '没什么,就跟平常一样。'然后就打开电视看起来。"

小米的提问是否有问题? 你能给她一些好的建议吗?

_____

_____

口语交际能力训练

（二）开始的问题太难

一位房地产商如此介绍他的诀窍："顾客一走进来,我并不会问他有什么需要。这个问题有点难,他会因为紧张而放弃。因此,我问他现在住在什么地方。这个问题不会让他感到不自然。一段时间之后,他或我就会把话题转到他的需要上去。"

这同样也适用于社交场合。通常情况下,最好是以简单的问题开始,谈论一些对方感兴趣并且熟悉的话题。

（三）只用引导性的问题

引导性问题可能是最封闭式的问题,但在社交场合中,这样的问题往往不会给你的人际关系带来多少好处。

（四）提问之前就已经表示不赞同

当对方的观点和你不一致,你想讨论彼此的不同之处时,应在问明对方理由之后再发表自己的意见。

（五）找不到提问的内容

如果有机会事先准备一些问题,会比完全依靠自己的临场发挥容易很多。而且还可以有效地打破尴尬的局面。例如:

"如果你能够成为历史上的某个人物,你会选择谁? 为什么?"

"给你印象最深的老师是谁? 为什么?"

五、如何打造成功的提问战略

第一步,罗列你的谈话目标。在纸上写下你希望在此次交谈中与对方讨论的话题。

第二步,设计问题。根据以上罗列的话题,以直接、简单的语言设计出问题。

第三步,大声读一遍每个问题,仔细听听它们给人的感觉。梳理文字,表达尽量清楚。

第四步,根据面谈对象的不同,调整你的措辞。

第五步,按照逻辑顺序与战略重要性将问题排序。

第六步,知道何时该停顿。在你提出重要问题之前,停顿一下,这样可以提醒对方你接下来要问的问题非常重要,需要他认真考虑后再作答。

第七步,沉着、冷静地提问,尽量跟随对方的语速。

第八步,肢体语言很重要。与对方保持眼神交流,适时地以恰当的肢体语言传达相关的信息。

主题要点

1. 善于提问的人总是能够达成自己的交流目的。

2. 提问的技巧:把握提问的时机;要因人设问;讲究提问的方法。

3. 提问的类型:封闭式提问;开放式提问;效益附加式提问;反馈型提问。

4. 提问题时常见的问题:问题过于宽泛;开始的问题太难;只用引导性的问题;提问之前就已经表示不赞同;找不到提问的内容。

5. 打造成功的提问战略。

口语交际能力训练

一周训练计划表

时间安排	训练内容	效果评估
星期一	收看《对话》《艺术人生》等访谈类节目,记录他们在对话中如何通过提问深入话题	
星期二	利用课间时间向老师至少提三个与课堂内容有关的问题	
星期三	跟同学交谈,围绕话题尽量只通过提问使谈话得以继续	
星期四	尝试与陌生人寒暄,设计一些人际交往中聊天时备用的问题	
星期五	尝试用提问的方式说服别人达成你的一个愿望	

主题三　复述

> 知识只有消化了以后才会变为能量,不然就是智商中的脂肪。
>
> ——洪晃

在我们日常的生活、工作和学习中,复述所见、所闻、所读、所感都是人之常情。正确的复述能有效地传输信息,进行良好的沟通交流;反之,复述的内容不正确,或有遗漏,就不能达到有效传输信息的目的,甚至会以讹传讹。可见,学会正确地复述是十分重要的。

📖 案例与启发1-7

据说,美军1910年的一次部队的命令传递是这样的:

营长对值班军官:"明晚大约8点钟左右,将可能在这个地区看到哈雷彗星,这种彗星每隔76年才能看见一次。命令所有士兵着野战服在操场上集合,我将向他们解释这一罕见的现象,如果下雨的话,就在礼堂集合,我会为他们播放一部有关彗星的影片。"

值班军官对连长:"根据营长的命令,明晚8点哈雷彗星将在操场上空出现,如果下雨的话,就让士兵穿着野战服列队前往礼堂,这每隔76年才出现一次的罕见现象将在那里出现。"

连长对排长:"根据营长的命令,明晚8点,非凡的哈雷彗星将身穿野战服在礼堂中出现,如果操场上下雨,营长将下达另一个命令,这种命令每隔76年才会出现一次!"

排长对班长:"明晚8点,营长将带着哈雷彗星在礼堂中出现,这是每隔76年才有的事,如果下雨的话,营长将命令彗星穿上野战服到操场上去。"

班长对士兵："在明晚8点下雨的时候，著名的76岁哈雷将军将在营长的陪同下身着野战服，开着他那彗星牌汽车，经过操场前往礼堂。"

一条消息经过几个人的转述到最后完全走了样，是什么原因造成的，是否可以避免？现实生活中你是否遇到过类似的现象？

_____

_____

一、复述概述

（一）复述的定义

一般意义上所提到的复述，就是把读到或听到的语言材料在理解的基础上，加以整理，重新讲述出来的一种口头表达方式。它是一种基本的、用途广泛的口语表达方式。从心理学上来说，复述是通过语言重复刚识记的材料，以巩固记忆的心理操作过程。通过复述，一方面可以进行记忆能力的训练，强化知识，另一方面可以训练有序、有节、有理的表达能力。

（二）复述的要求

在复述的时候要注意把握以下几点要求：

第一，把书面语转换为口语。

第二，表达层次分明，重点突出，中心明确，结构完整。

第三，条理清楚，能反映各部分内容的内在联系，如果叙述一件事情，复述时一定要交代清楚时间、地点、人物、事情的起因、经过、结果等。

第四，语言力求准确。发音准确，吐字清楚，讲求说话的语气、语调、节奏。

第五，必要时可以加入合理想象。

二、复述的分类

复述可以分为简要复述、详细复述、创造性复述等几种。

（一）简要复述

简要复述又叫概要复述，是对材料作浓缩与概括，要求在保留原材料中心思想的前提下，简明扼要地讲述原材料的内容。复述过程中可以略去次要的、解释性质的文字。一般来说内容较长时可采用简要复述。

 演练与提高 1 - 11

请简要复述下列文字。

鲁迅先生在浙江绍兴县教书的时候，每天晚上总喜欢到一位朋友家去谈天，有时很晚才回家。朋友家离学堂有好几里路，还要经过一片坟地。有一天，鲁迅先生和朋友谈到很晚才回家，这时已是半夜了，鲁迅正快步走，忽然发现不远处有一个白影，忽高忽低，

口语交际能力训练

一会儿大,一会儿小,真像人们传说的鬼。鲁迅不相信鬼神,他大步走上前去,用又硬又重的皮鞋向白影儿踢去,只听得白影"哎哟"一声倒了下去。鲁迅弯下腰,细细一看,原来并不是什么鬼,而是一个盗墓贼。

(二)详细复述

详细复述要求保留文章的主要内容、主要观点和主要情节,内容上不做增加和删减,表现方法不做改变,语言风格尽量保持原样。但复述不同于背诵,为使复述清晰、易懂、易记,可将书面语适当口语化,或把复杂的长句改成简单的短句。详细复述应该做到:

① 内容要基本接近原文,人称、顺序不能随意改变。

② 一些重要的情节,精彩的部分,优美的语句要细致地叙述出来,有些地方可用原句。

③ 要用自己的话叙述,不能照背原文。

④ 表情、语气要自然,不能有读书或背书的腔调。

 演练与提高 1–12

请试着复述"掩耳盗铃"、"铁杵磨成针"、"武松打虎"等故事。

_____

_____

(三)创造性复述

创造性复述是指在不改变原材料主题和重点的基础上,根据表达的需要对原材料进行合理加工、大胆想象,使内容更生动、更完整的一种表达形式。所谓"合理",指的是加工、想象的内容与原材料的内容吻合,没有矛盾;所谓"加工",指的是对原材料中没有展开的内容有选择地进行发挥,其目的是为了更好地表现主题和重点。创造性复述具体有下列方法:

1. 改变叙事的人称

第三人称可以改为第一人称,第一人称也可以改为第三人称。改变人称后,某些内容和叙述方式也要相应改变。

2. 把叙述改为对话或将对话改为叙述

叙述一般是从作者的角度出发,内容也比较概括,如果要进行详细叙述,可将叙述改为对话。这种方法适用于比较短的文章。在对比较长的文章进行简要复述时,则可将原文中的对话改成作者的叙述。不管是哪一种,都要力求符合原文的基本思想。

3. 改变文章的体裁

像一些诗歌会含有一定的情节,可以改用记叙文的形式进行复述。但诗歌的跳跃性大,复述时应注意进行合理的想象和补充。

4. 补充发展情节

对没有展开的情节进行增补,可以丰富原文内容,增强叙述效果。

演练与提高 1 - 13

请尝试复述这首诗所描述的情景:

赠汪伦

——李白

李白乘舟将欲行,忽闻岸上踏歌声。

桃花潭水深千尺,不及汪伦送我情。

复述记叙性材料时合理联想补充细节可以使内容更充实、完整、生动;复述议论性材料要增加论证层次补充论据做深入剖析;复述说明性材料则要增加细部说明。

三、复述的语言模式

复述内容的要求不同、类型不同、文体不同,其复述的语言模式也不同。

(一)记叙性材料复述的基本模式

记叙性材料要讲清人物、事件、时间、地点、原因、结果等。在语言表述上可以借助以下模式:

"这是一件发生在……(时间),……(地点)的关于……的事情。"接着介绍人物和事情的起因、经过,要运用时间标记展开复述,如:"早上 8 点……11 点的时候……下午……",中途可运用表示时间过程的连接词语如:"首先"、"然后"、"后来"、"最后"等,结尾以"我的复述完了,谢谢"作为结束。

(二)说明性材料复述的基本模式

复述说明性材料要讲清事物的形状、方位、结构、性能等特征。在语言表述上可以借助以下模式:

"下面我要做的是关于……的复述。"接着概括说明事物的名称和基本信息,如:方位、形状、特征、功用等;按照复述线索使用标记词语组织材料(空间标记式词语:上面、下面、南边、北边、一楼、二楼……;时间标记式词语:先、然后、过一会儿、五分钟后……),或按顺序罗列事物的性质功用。最后是结束语。

(三)议论性材料复述的基本模式

复述议论性材料要突出论点论据、推论过程和结论。在语言表述上可以借助以下模式:

"下面我要做的是关于……的复述。"接着概括复述该材料的基本判断或结论;按照逻辑层次进行复述,如:

第一……因为……所以……

第二……因为……所以……

第三……因为……所以……

口语交际能力训练

在陈述完结论后结束发言。

主题要点

1. 复述，就是把读到或听到的语言材料在理解的基础上，加以整理，重新讲述出来的一种口头表达方式。它是一种基本的、用途广泛的口语表达方式。

2. 复述的方法有简要复述、详细复述、创造性复述等。

3. 复述的要求不同，类型不同，文体不同，其复述的语言模式也不同。

一周训练计划表

时间安排	训练内容	效果评估
星期一	向身边的朋友讲一些有趣的故事或笑话	
星期二	给宿舍里的人传话	
星期三	观察并分析别人在传话中会出现哪些问题	
星期四	学会确认别人转达的话语，同时学会正确认识传言的真假	
星期五	学会复述新闻、故事	

第二章　思维训练

主题一　思维概述

> 语言是思想的直接现实。
>
> ——马克思《德意志意识形态》

语言的魅力体现在不仅要能清楚地表达自己的意思,还要能打动他人,具有说服性。语言的锤炼,首先必须提升思维能力:加强发散思维训练,可使你思维敏捷,妙语连珠;加强逻辑思维训练,可使你滴水不漏,无懈可击;加强形象思维训练,可使你幽默生动,口吐莲花。

一、思维与口才的关系

思维是口才的基础,口才是思维的表达,能说会道的人一般都头脑聪慧、思维敏捷。口才与思维的训练是相互促进的。要使自己更聪明,应多多训练自己的口头表达能力;而要想有好的口才,也应该加强训练自己的思维能力。改善口才先要改变思维模式。

📖 **案例与启发2-1**

很多记者都想去采访某位名人,但是最后只有一个记者成功了。他是这样做的:他写了一张小纸条塞进了那位名人休息室的门缝,上面写了一些对那位名人的评价和看法,并且还给出了个人的一些建议。果然,那位名人看了以后就很在意,于是接受了这位记者的采访。

这位记者获得唯一采访机会的原因是什么? 你认为思维在此起作用了么? 请简要分析。

二、思维的特点

(一) 思维的广度

思维的广度是指要善于全面地看问题。即围绕问题多角度、多途径、多层次、跨学科地进行全方位研究,也称作"立体思维"。

思维的广度在口才中表现为思路开阔,联想丰富。既能纵观问题的整体,又能兼顾问题的细节;既能抓住问题的本身,又能兼顾相关的其他问题。

　　一对新婚夫妇到某星级宾馆订新婚套房,他们指明要定号码9的房间,但是当时带9的都被订了。他们准备离开的时候,值班经理来了,他向那对夫妇推荐了18号房间,并说道:"2乘以9不就是18么? 这就是长长'99'啊。此外,3乘以6也是18,'66'大顺啊。还有,18也是'要发'的谐音,又久又顺又发的,这可是最好的房间号啊。"最后那个经理成功地留住了客人。

　　你发现经理有着怎样的思维特点?

_____

_____

（二）思维的深度

　　思维的深度是指考虑问题时,能由远到近、由表及里、层层递进、步步深入地思考,要深入到客观事物的内部,抓住问题的关键、核心(即事物的本质)来进行。

　　思维的深度在口才中表现为深入浅出。

📖 **案例与启发 2 - 3**

　　一生中能有这样两个发现,该是很够了。即使只能作出一个这样的发现,也已经是幸福的了。但是马克思在他所研究的每一个领域,甚至在数学领域都有独到的发现,这样的领域是很多的,而且其中任何一个领域他都不是肤浅地研究的。(选自恩格斯《在马克思墓前的讲话》)

　　恩格斯要阐述一个什么问题? 他是如何阐述的?

_____

_____

（三）思维的精度

　　思维的精度是指思维的精确程度,主要由思维的确定性和严密性两部分构成。

📖 **案例与启发 2 - 4**

"万能"溶液

　　一个年轻人想到大发明家爱迪生的实验室里去工作。为了博得爱迪生的好感,这位年轻人信口开河地说:"我一定要发明一种万能溶液,它可以溶解一切物品。"爱迪生听后,微微一笑,说:"好吧,请你回去后先制造一个能盛置这种溶液的器皿,你造好了,你就可以到我的实验室里工作。"听了这番话,年轻人顿时满脸通红,他知道自己决不可能制造一个能盛置可以溶解一切物品的"万能溶液"的器皿的。于是他马上向爱迪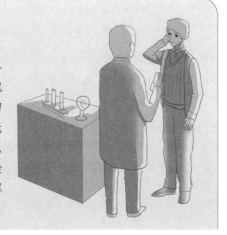

口语交际能力训练

生承认了错误。爱迪生告诫他，科学研究是一项十分严肃的工作，一定要脚踏实地地苦干。

你从这个年轻人所犯的错误中体会到了什么？

_____

_____

（四）思维的速度

思维的速度是指思维活动的反应速度和熟练程度，表现为思考问题时的快速灵活，善于迅速和准确地做出决定，解决问题。

 演练与提高 2 - 1

灯如果不亮了，你认为可能是哪些原因造成的。

_____

_____

三、思维的障碍

（一）思维僵化引发的思维障碍

思维僵化是指联想匮乏，思考问题的角度单一，解决问题的方法简单死板，概念与词汇贫乏。

 案例与启发 2 - 5

美国《纽约时报》的记者泰勒一次曾奉命采访著名演员的演出，谁知到了会场，才知演出已取消了。这天半夜，编辑怒气冲冲地打电话告诉他：其他各报的头版头条就是那位演员自杀的消息！编辑教训他说："像这样一位名演员的演出被取消，本身就是新闻。记住：以后你的鼻子，不要再感冒堵塞了！"

你认为泰勒挨骂的原因是什么？

_____

_____

（二）思维定势引起的思维障碍

思维定势也叫做惯性思维，是指按照积累的思维活动经验教训和已有的思维规律，在反复使用中所形成的比较稳定的、定型了的思维。它在解决问题时能起到一定的积极作用，但也常常阻碍思维的发散。

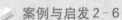

案例与启发2-6

　　有这样一道测试题：一位公安局长在路边同一位老人谈话，这时跑过来一位小孩，急促地对公安局长说："你爸爸和我爸爸吵起来了！"老人问："这孩子是你什么人？"公安局长说："是我儿子。"请回答：这两个吵架的人和公安局长是什么关系？

　　在100名被试者中只有两人答对！而且这两个人都是孩子。大人没答对，孩子却很快答了出来："局长是个女的，吵架的一个是局长的丈夫，即孩子的爸爸；另一个是局长的爸爸，即孩子的外公。"

　　为什么那么多成年人对这个问题的解答反而不如孩子呢？

_____

_____

（三）知识面狭窄引起的思维障碍

　　知识的储备量、信息的拥有量与思维的活跃度息息相关。一个人如果兴趣广泛，喜欢接触不同的事物，知识面丰富，必然能眼界开阔，心态积极，思路也容易打开，思维自然会变得活跃起来。

案例与启发2-7

　　因为工作的原因，作为主管的张涛平时要和本单位的许多通讯员打交道。这些通讯员当中，写稿子有写得很死板的，也有写得很灵活的。其中有一个通讯员洪晓，张涛刚开始看他的稿子，就觉得很有新意，后来与他交上朋友后，发现他关注的东西非常多，兴趣很广泛，各种雅俗共赏的新闻事件、生活百科，甚至连国外的网站消息也会经常看。而这开阔了他的眼界。通过调动这些因素，开阔了思路，加上文笔修饰，自然能写出一篇篇好文章。

　　如果你是张涛，你能预测洪晓在本单位未来的发展吗？他的成功得益于什么？

_____

_____

（四）紧张恐惧心理引起的思维障碍

　　胆怯怕生、紧张恐惧、无法平复心情等不良心理表现，都会使思维受阻，思路不清，语言组织不畅。这样一些不良心理的出现，皆因自卑，或准备不充分，或不常在众人面前说话，或对公开讲话有障碍，或思路闭塞等。

案例与启发2-8

　　上学的时候，你要在同学面前做三分钟的演讲，本来准备很充分，站在讲台上却呆若木鸡，脑子里一片空白。同学们哄堂大笑，一点情面都不留，让你想找个地洞钻进去。

　　办公室开会的时候，你有许多话要说，但是当你站起来的时候，却结结巴巴，语不成调，

口语交际能力训练

声音还发抖，同事们都看见了，虽然他们没有说什么，但心里却认为你特别没出息。

　　你有过这样的经历吗？你从中得到什么启发？

_____

_____

（五）注意力不能集中引起的思维障碍

　　注意力不集中表现为：不能专心听讲，易受环境干扰而分心。频繁地改变关注对象，思维难以集中，对他人的言语或指令心不在焉，表情呆滞，无法思考，语汇贫乏。

案例与启发 2-9

　　一位网友倾诉：这两年来，我的思维开始变得混乱，当我意识到事情变得严重时已经迟了，就算提醒自己要集中注意力，脑子也总是会不受控制地去想一些并不重要、甚至是无聊至极的事，最糟糕的是脑袋好像被分成了两半，正事和杂事一块想，结果自然可想而知了。

　　你有过注意力分散的经历吗？你发现注意力与思考力存在什么关系？就你的经历和所了解的及上述网友的倾诉，你发现影响注意力集中的因素有哪些？

_____

_____

_____

四、克服思维障碍的策略

（一）发散思维训练

　　发散思维是指思维轨迹的多向发展，即能主动灵活地转换思考问题的方式，从多个角度对话题展开立体分析。

1. 发散思维的特性

　　① 多端性：发散思维"量"的指标。它是指思维的进程流畅没有阻碍，在短时间内迅速做出众多反应的能力，即联想能力。此种方法可以迅速摆脱思维僵化带来的思路狭窄。

 演练与提高 2-2

　　请快速准确地说出下列事物。

　　A. 列举出 10 种以上有腿不会走的东西。

　　B. 说出中国才有的 10 种乐器。

C. 说出 10 本世界名著。

D. 说出 10 个国家的名称。

E. 说出 10 种水果的名称。

② 变通性(灵活性):发散思维"质"的指标,指的是发散思维的思路能迅速地转换,能变化多端,可举一反三、触类旁通,从而提出不同凡响的新构想和解决方案。

③ 独创性:发散思维的本质,是指超越固定的、习惯的认知方式以前所未有的视角和观点去认识事物,提出超乎寻常的新观念。

案例与启发 2-10

英国著名作家毛姆未成名前,生活甚苦。为求文章有价,有次他写完书后,便在报纸上刊登了一则征婚启事:本人年轻英俊,家有百万资产,希望获得和毛姆小说中主人公一样的爱情。结果毛姆的这一举动使他的小说在短时间内被抢购一空。

毛姆在推销他的小说时运用了什么思维方法?

_____

_____

---

2. 思维导图训练

(1) 思维导图

思维导图是指通过带顺序标号的树状的结构来呈现一个思维过程,将放射性思考具体化,将联想图示化的过程。它是发散思维的表达,就是借助可视化手段促进灵感的产生和创造性思维的形成,帮助人们快速构思。

(2) 思维导图的绘制

① 准备工作:

a. 没有画上线条的空白纸张;

b. 彩色水笔和铅笔;

c. 你的思维。

② 绘制步骤:

a. 让纸张横放在桌前,从纸的中心开始绘制(以圆表示,圆内写上关键词),向四周辐射的图样(以线条表示);

b. 在每条线上写一个关键词;

c. 用一幅图像或图画表达你的思维过程;

d. 在绘制过程中使用多种颜色;

e. 将中心图像和主要分支连接起来,然后把主要分支和二级分支连接起来,再把三级分支和二级分支连接起来,依此类推;

f. 自始至终使用图形(图形要有层次感)。

演练与提高 2 - 3

请以"水果"为关键词绘制思维导图。并以此为思路,围绕"水果"话题说一段话。最后谈谈思维导图带给你的体会。

（二）逆 向 思 维 训 练

逆向思维是指人们为达到一定目标,克服思维定势,从相反的角度来思考问题,从而构建新的思想和新的观点。

 演练与提高 2 - 4

对下列成语、俗语作逆向思维的立意。

① 班门弄斧:

_____

② 良药苦口:

_____

③ 墙倒众人推:

_____

④ 开卷有益:

_____

⑤ 艺高人胆大:

_____

（三）思 维 能 力 提 升 训 练

思维能力是指人们在工作、学习和生活中每逢遇到问题,就会在大脑中对感性材料进行分析、综合、比较、概括等一系列加工,并转化为理性认识,帮助解决相关问题的能力。这一过程有赖于一个人的知识储备、心理素质与注意力等,因此,训练思维能力可从以下几方面入手。

① 丰富词汇量,平时多翻翻字典、成语词典。注意积累知识,多阅读书报杂志,学会做笔记并经常复述,将知识储备起来。勤写日记,提高作文能力。

② 主动出击,增强信心,多找机会上台表现。

③ 通过专门训练,集中注意力。

 演练与提高 2 - 5

用一分钟仔细阅读下面一段文字,然后回答文后的问题(注意:阅读前和阅读的过程中,不要看文后的题目。回答问题时,不要再看上面的文字)。

2月4日上午9:00,在一个十字路口附近,一辆载有4个写字台、3对沙发和42张课桌的蓝色汽车和一辆载有 35 箱啤酒、42 箱汽水的灰色汽车撞在了一起。部分课桌散落了一地,另一辆车上的啤酒、汽水分别有 15 箱和 20 箱受损,混在一起的啤酒和汽水流满了路面。还有蓝色汽车的驾驶员受了点轻伤。

1. 两辆汽车分别是什么颜色?
2. 车祸的出事地点在哪里?
3. 车祸发生在什么时间?
4. 车上有多少瓶啤酒和汽水受损?
5. 车上的写字台多,还是成对的沙发多?
6. 车上的课桌多还是汽水的箱数多?

主题要点

1. 思维的活跃与开阔决定着思路的畅通和语言的组织与表达。
2. 思维四大特点:广度、深度、速度、精度。
3. 思维受阻有五大因素,这五大因素影响着思维的开阔与灵活。
4. 克服思维障碍,使思维达到"广度、深度、精度、速度"的方法:多向思维训练,逆向思维训练,思维能力提升训练。

一周训练计划表

时间安排	训练内容	效果评估
星期一	观察周围同学的言谈,举出一个拥有开阔思维和一个思维较闭塞的同学的例子	
星期二	自拟一关键词,以此为中心绘制思维导图,进行拓展思维训练	
星期三	与同学做注意力集中的快速思维游戏	
星期四	从俗语、成语中寻找可作逆向思维的词语,试着逆向立意	
星期五	与同学交流开拓思维的体会	

主题二　逻辑思维

> 逻辑是一切思考的基础。
>
> ——黑格尔

在日常生活中，每当面对问题时，人们常需要依据具体情况通过分析、综合，把已经认识到的事物之间的联系进行分解，并把原来还没有认识到的事物之间的联系重新构建。这便是逻辑思维能力。逻辑思维强的人在面对问题时，能快速理出头绪找到解决的办法，也更善于将事情的来龙去脉表达清楚，因为语言是建立在逻辑基础之上的。

一、逻辑思维概述

（一）逻辑思维的含义

逻辑思维是思维的一种高级形式。其特点是以抽象的概念、判断和推理作为思维的基本形式，以分析、综合、比较、抽象、概括和具体化作为思维的基本过程从而揭露事物的本质特征和规律性的联系。

一个人如果逻辑思维清晰，便能通过语言将自己的想法或意见简明清晰地传达给他人。

案例与启发 2-11

　　唐朝贞观年间，诗赋取士制度盛行。有位考生弄虚作假被查获。唐太宗大怒，令大理少卿戴胄判他死刑。但戴胄却依照法律规定，只判了他充军边疆。太宗知道后责备戴胄说："我令你判处他死刑，你却只判流刑，这是什么原因呢？你是不是得了什么好处？"戴胄答道："陛下执意要杀他，这就不是我职守中的事了。既然把这案件交给我办，微臣就只能依法办事。"唐太宗反驳道："你守法，却令我失信于天下，这好吗？"戴胄从容答道："法律一经公布，就须人人遵守。对违法者也必须严格地按法律予以惩处，只有这样才能布大信于天下。陛下要处死他的话，是在盛怒时说的。当时如果陛下立即将他处死，也就罢了。而陛下却把他交给臣依法办事，这是忍一时之怒而存大信也。陛下如仍意气用事，定要将他处死，而置法律于不顾，岂不又背大信，令人可惜吗？"太宗听后，欣然同意了戴胄的做法。

　　戴胄最终让唐太宗认同他的做法，原因是什么？他抓住什么关键点？你体会到什么？

_____

_____

（二）逻辑思维的重要性

逻辑思维能力能够指导人们有效思考，有条理地讲话。帮助人们运用概念进行判断和推理，使人们遵循逻辑规律进行思维活动。

思考与争鸣2-1

请以戴胄与唐太宗论辩的故事为例，说说戴胄是运用什么概念进行思考的？对这个概念他是如何定义并做了哪些判断和推理的？

_____

_____

二、逻辑思维的特征

（一）概念的内涵与外延

逻辑思维中概念的内涵是反映对象的本质属性。

案例与启发2-12

满口之乎者也而又穷困潦倒的老书生孔乙己，明明偷了人家的东西，但是却死要面子，不愿承认是"偷"。当别人说他偷了人家的东西时，孔乙己睁大眼睛说："你怎么这样凭空污人清白……"有人揭他老底，说亲眼看到他偷了何家的书，被吊着打。孔乙己便涨红了脸，额上的青筋条条绽出，争辩道："窃书不能算偷……窃书！……读书人的事，能算偷么？"他的回答引得众人哄笑起来。

为什么众人会哄笑？

_____

_____

逻辑思维中概念的外延是指具有概念所反映的本质属性的范围。

思考与争鸣2-2

"鲁迅的著作不是一天能读完的，《孔乙己》是鲁迅的著作，所以《孔乙己》不是一天能读完的。"这句话中有几个判断？由这两个判断推出的结论显然是错的，那么问题出在哪里？

_____

_____

对于概念，我们在运用过程中需要注意的有以下几点。

① 明确概念是交谈中尤其是论辩中的关键点。

② 人们习惯于用概念来组织思考。"概念不清"基本上就是一个人逻辑混乱、观点不明确的根本原因。

③ 在同一个思维过程中,概念必须前后一致(即概念的内涵与外延都一致)。否则就会犯偷换概念或混淆概念的逻辑错误。

（二）判断

人们在表达思想感情时,常常要对某种事物或思想观点作出肯定或否定的判断,这种对思维对象有所判断的思维形式就是判断。

思考与争鸣 2 - 3

"我非常爱你,甚至愿为你赴汤蹈火。要是星期六不下雨的话,我一定来。"这句话中有几个判断? 每个判断是正确的吗? 作为一段话却不合理,问题出在哪里?

_____

_____

对于判断,我们在运用过程中需要注意的是:在同一个思维过程中,不能同时用两个互相矛盾或互相对立的概念指称同一个对象。

（三）推理

由已知判断推出新判断的思维形式。

演练与提高 2 - 6

有三个外形完全相同的盒子,每个盒子都放有两只球,其中一个里放的全是白球,另一个里都是黑球,最后一个里有一只白球一只黑球,盒子外有标签,标明"白白","黑黑","黑白",但由于一时疏忽,三个盒子的标签都贴错了。

从哪个盒子中任意摸出一只球,就能辨明每个盒子中装的各是什么球? 说出你的推理过程。

_____

_____

三、逻辑思维的方法

人们在实践活动中摸索出来的一套与自然法则相吻合的思维规则,如:从总到分或从分到总、由一般到个别或由个别到一般、由具体到抽象或由抽象到具体等。以下总结了几种常用的逻辑思维方法。

（一）演绎和归纳

1. 演绎

演绎是指根据已知的一般原理推断个别事物,得出新结论和新观点的推理方法。其特点

口语交际能力训练

是由一般到特殊。其典型的推理过程是三段论。

演练与提高 2 - 7

下面提供给你一个大前提，请续写一个小前提和结论：

凡事业上取得成功的，都是经过一番勤奋努力赢得的。

_____

_____

2. 归纳

归纳是指由一系列具体事实概括出一般原理的推理方法。其特点是由特殊到一般。

演练与提高 2 - 8

从下面的三个事实中概括出观点。

① 贝多芬弹钢琴的时间长了，手指发热，就在凉水里浸泡。

② 作家杰克·伦敦在屋子里的窗帘、衣架、橱柜、镜子上挂满写有词语、资料的长纸条，以便随时看到、记忆。

③ 居里夫人在巴黎大学时，晚上在图书馆用功，经常熬夜到凌晨两点多，有时竟饿得晕倒了。

三人的共同点是什么？可概括出什么结论？

_____

_____

（二）类比与预设

1. 类比

类比是指用同类的事物进行比较，从而得出有关结论的方法。

案例与启发 2 - 13

画家画花，独画一枝，总要留点天地，让欣赏者自己去遐想；演员演戏，三五步走天下，七八人百万雄兵，并不要把什么都摆上台；诗人作诗，讲究含蓄，言有尽而意无穷；音乐家演奏抑扬顿挫，有时"无声胜有声"。一堂好课，兼采画画、演戏、作诗、奏乐的诀窍，言简意赅，给学生留点思考的余地；不要越俎代庖，给学生一点动手的机会；引而不发，激励学生首创精神；再加上生动形象的示意，引起学生浓厚兴趣。这样教学就成了一门艺术。

以上文字中提到画家、演员、诗人、音乐家，其目的是什么？你从中领会到什么？

_____

_____

2. 预设

预设指的是在交谈中,交谈双方语义中所暗含的,为双方共同认可的"无争议信息"。

例如,A 对 B 说:"请停车。"这句话传递的信息是 A 请求 B 把车停一停,而这句话的共知信息是:有一辆车,车正在开,是 B 在开车,车是可以停的等,这些都是这句话的预设。

 案例与启发 2 - 14

　　罗斯福在当总统以前曾经在海军担任要职,一天他的一位朋友向他打听海军要在加勒比海的一个小岛上建立潜艇基地的计划,罗斯福故意压低声音问道:"你能保密吗?"朋友郑重地回答:"能!""那么,我也能。"罗斯福笑着说。

　　罗斯福的问题中其实包含了一个预设,这个预设是什么?

預设法是指有意利用话语中的预设信息来诱导对方作出符合说话人意愿的行为反应的语言技巧。预设法有以下的妙用:

① 诱导:在说话的时候不动声色地加入对方并没有明确认可的预设信息,就有可能使对方在思维定势的作用下,不由自主地认可这些预设信息。

思考与争鸣 2 - 4

　　有经验的推销员与顾客约定会面时,从来不会说:"我可以在今天下午来拜访您吗?"而是说:"您看我是今天下午 2 点钟来还是 3 点钟来拜访您?"想想看这是为什么?

② 委婉:预设法可以用来向对方委婉地揭示某种情况或表示某种要求。

 演练与提高 2 - 9

　　对一个借了你的书却忘记还的人,请你用预设法委婉地提醒对方。

正确运用预设法的逻辑要求有:

① 预设信息应该是对对方无害的,并且是对方可能会认可的,否则这就不是一种有利于公关沟通的积极手法,而是一种用心不良的预谋。

② 当对方话语中包含不真实或自己不认可的预设时,应根据预设的理论去进行有效的指正或者反驳。

口语交际能力训练

（三）反证与归谬

1. 反证法

反证法是指不对论证的论点做直接论证，而是从与这一论点相反的论点进行论证。如果"反论点"是正确的，那么"原论点"就是错误的；如果"反论点"是错误的，那么"原论点"就是正确的。

📖 案例与启发 2 - 15

"国民党现在实行他们的堡垒政策，大筑乌龟壳，以为这是他们的铜墙铁壁。同志们，这果然是铜墙铁壁吗？一点也不是！你们看，几千年来，那些封建皇帝的城池宫殿还不坚固吗？群众一起来，一个个都倒了。俄国皇帝是世界上最凶恶的一个统治者，当无产阶级和农民的革命起来的时候，那个皇帝还有没有？没有了。铜墙铁壁呢？倒掉了。同志们，真正的铜墙铁壁是什么？是群众，是千百万真心实意地拥护革命的群众。"

以上文字选自毛泽东的《关心群众生活，注意工作方法》。此段文字，旨在论证什么观点？但语段中大部分内容却在阐述什么问题？为什么？

_____

_____

2. 归谬法

归谬法是一种间接反驳别人的方法。反驳对方之前，先假定对方的观点正确，然后再顺着对方的思路，推理出一个连对方也没法相信的荒谬结果，从而达到反驳的效果。

⚙ 演练与提高 2 - 10

春秋时期，晋文公有一次要吃烤肉时，发现端上桌的烤肉上缠绕着头发，这是对文公的大不敬。文公大怒，于是唤来厨子质问。如果厨子承认是他干的，就有可能被处死。

当厨子了解到被唤来的原因后，看到文公怒容满面的样子，他并没害怕，而是运用反证法证明了自己的清白。

请试着把厨师的说理过程列出来。

_____

_____

四、逻辑思维方法的运用

（一）言之有序

"序"即顺序、条理。说话要有条理，按照一定的逻辑顺序把事情、道理说清楚，才能体现一个人的思路清晰。

① 文学教育是一种精神教育、思想教育、美学教育。②在义务教育阶段,应当进行文学教育。③并不要求人人成为文学作家,但是应当要求所有受过教育的人都能理解文学,欣赏文学,具有文学的鉴别能力,接受优秀文学作品在道德情操方面以及敏锐深入的观察社会生活方面的感染、熏陶和启迪,从而具备必要的文学素养。④学文学有助于发展联想能力、想象能力、创造性的思维能力。⑤从这个意义上说,文学教育对于儿童和青少年的智力发展所起的作用是十分大的,甚至可以关系到他们的未来。⑥似乎不止一位思想家和教育家说过这样的话:"很难说莎士比亚和牛顿谁需要的想象力更多一点。"⑦这就是说,文学和科学绝不是没有关系的:莎士比亚塑造人物形象固然需要想象力,_____。⑧总而言之,从教育的角度考虑,文学教育的作用和意义非常重大。

"文学教育同时又是一种非常有利于智力开发的教育"这一句如果要放进上文中应放在那一句之前,为什么? 请按照文意合理补出第⑦句的后半部分。

_____

_____

为了使思维有条理、易理解,在表达中可以插入一些常用的语言连接词。比如:关联词"因为……所以""于是""之所以……是因为……""首先……其次……再次……""第一……第二……第三……"等。还可以按时间的先后和位置的移动进行表达,比如:"最早……后来……再后来……"等。也可以采取先总后分、先分后总等内容结构。

(二) 言之有理

观点明确,有条理地列举理由,清晰表述你的判断和推理。

有一个外地人路过一个小镇,此时天色已晚,于是他便去投宿。当他来到一个十字路口不知道该怎么走时,看到了三个小木牌分别立在三条路的路口。第一个木牌上写着:这条路上有旅馆。第二个木牌上写着:这条路上没有旅馆。第三个木牌上写着:那两个木牌有一个写的是事实,另一个是假的。相信我,我的话不会有错。

如果你是这个投宿的人,以第三个木牌为依据,你觉得会找到旅馆吗? 如果可以,在哪条路上呢?

_____

_____

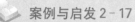

案例与启发 2-17

一片树叶,飘在空中与一只鸟儿并排着。"瞧,我能像你一样飞啦!"树叶十分得意地对鸟儿说着。一会儿,风停了,鸟仍在飞着,而树叶却一头跌入了下面的河里。

从这则材料中可以提炼出什么观点?请分析并作阐述。

_____

_____

(三)言之有度

这里的"度",指的是广度和深度,即从纵向和横向进行深入思考。

案例与启发 2-18

近几年来,数字"8"的身价倍增,电话号码、门牌号码、牌照号码等等,一沾上"8"就倍受青睐。

这是历史进步的标志之一。中国人不仅不再认为"越穷越革命",而是在物质日渐富足、生活日渐改善之中,终于可以堂堂正正地喊出"想发财"的心,无疑表现了历史的进步。

但另一方面,某些人对"8"的狂热迷恋,反映出其精神的空虚。拍卖"幸福号码"的场面之热烈、成交金额之巨,虽然已成为过去,但这些人思想深处的问题并没有从根本上得到解决。"竞买幸福号码"是以富翁们的攀比、炫耀为前提的,在这些"先富起来"的"大腕"身上,"发财后怎么办"的精神文明问题暴露已久,至今仍未得到解决。

"8"之所以如此受欢迎,原因多种多样,商界的瞬息万变,财运的难以把握使有些人将希望寄托于冥冥,寄托在"8"上。

"8"的受宠,从更深一层分析,说明中国人传统的心理定势并未改变,信天信地,信"8"信"发",就是不敢相信自己。

其实,只想"发",而没有"发"的能力,不知道怎样去"发",不要说"发"不会从天而降,就是降下来了自己也把握不住。

如果中国人再这么沉浸在"8"的迷梦中,敢问"发"在何方?

此文的横向思路是:

_____

_____

纵向思路是:

_____

_____

"骄傲自满为什么不对?"请分别从纵向和横向进行发散思考,并将思路罗列出来。

纵向思路是:

_____

_____

横向思路是:

_____

_____

要做到言之有度,就应多问为什么,凡事都有其原因。比如,对方为什么提出这样一个问题,背后的动机是什么? 他想得到什么? 或者按如下步骤深入思考:第一,这是什么问题? 第二,产生问题的原因? 第三,有哪些解决办法? 第四,我想怎么解决?

主题要点

1. 逻辑思维的含义及其重要性。
2. 逻辑思维的特征是以抽象的概念、判断和推理作为思维的基本形式。
3. 明确概念的内涵与外延、判断和推理的含义及其使用时注意事项。
4. 逻辑思维的六种常用方法:演绎与归纳、类比与预设、反正与归谬。
5. 逻辑思维方法的运用:言之有序、言之有理、言之有度。

一周训练计划表

时间安排	训练内容	效果评估
星期一	自说自话:讲故事给自己听,对照内容反复修改补充调整	
星期二	复述电视节目《今日说法》的内容。弄清所讲内容的结构,有条理地将关键内容讲清楚	
星期三	自辩:设想一个问题,然后找出至少三点理由说服自己	
星期四	他辩:找一位同学一起参与,设计一个不太难的问题,与他展开至少两个回合的辩论	
星期五	以小组为单位,进行辩论,学会运用本主题介绍的逻辑思维方法	

主题三　形象思维

> 话须通俗方传远，语必关风始动人。
>
> ——京本通俗小说《冯玉梅团圆》

会说话既是一种能力，也是一种形象；既是一种城府，也是一种修养。要塑造良好的说话形象就应该在平时多注意自己的言谈举止。与人交谈时尽可能地把话说对、说好，说到点子上，还要富有思想性、逻辑性和形象性。

一、形象思维的概述

（一）什么是形象

每一种进入大脑的信息，不论是感觉、记忆或是想法，包括文字、数字、符号、气味、线条、颜色、意象、节奏等，都可以成为形象。

（二）什么是形象思维

形象思维是指人们借助形象刺激右脑，通过丰富的想象力去解决问题。它是用表象进行的思维活动，是一种通过形象来反映和认识客观世界的思维形式。它也是人的一种本能思维，每个人一出生就会无师自通地以形象思维来考虑问题。

二、形象思维的特点

（一）形象性（直观性）

在整个形象思维过程中，自始至终都离不开生动的具体形象（即画面感），所以，形象性（直观性）是形象思维的一个重要特征。

画家心中要有视觉形象，才能描绘出令人赏心悦目的图画；音乐家心中要有听觉形象，才能创作出感人悦耳的乐章；文学家心中要有生活素材，才能塑造生动立体的人物形象，描绘生动感人的画面……离开了形象，形象思维就成了无源之水、无本之木。

📖 **案例与启发 2 - 19**

朱自清在《春》一文中，对春天作了如下的描写：

"桃树，杏树，梨树，你不让我，我不让你，都开满了花赶趟儿。红的像火，粉的像霞，白的像雪。花里带着甜味儿……花下成千成百的蜜蜂嗡嗡地闹着，大小的蝴蝶飞来飞去。野花遍地是：杂样儿，有名字的，没名字的，散在草丛里，像眼睛，像星星，还眨呀眨的……"

朱自清借助什么将这一幅生机勃勃的迷人春色形象地呈现了出来？

_____

_____

（二）创造性

想象是指思维主体运用已有的形象构建新形象的过程。形象思维并不满足于对已有形象的再现，它更致力于追求对已有形象的加工，从而获得新形象的输出。所以，想象使形象思维具有了创造性。

> **思考与争鸣 2-6**
>
> ### 《天净沙·秋思》
>
> 枯藤老树昏鸦，小桥流水人家，古道西风瘦马，
>
> 夕阳西下，断肠人在天涯。
>
> 赏析马致远的这首散曲并谈谈想象力的作用。
> _____
> _____

（三）感性

文学家在创造典型形象的过程中，往往会把自己的强烈感情渗透在作品里面。巴金就曾提到："我在写《家》的时候，仿佛也在跟着那些人一同受苦，一同在魔爪下面挣扎。我陪着那些可爱的年轻生命欢笑，我陪着他们哀哭。我一个字一个字地写下去，好像在挖开我记忆的坟墓，我又看见了过去使我心灵激动的一切。"由此可见，形象思维与情感是分不开的。

三、形象思维能力训练

要发展形象思维，必须具备能将形象素材连缀使之产生具有一定联系的联想、类比能力，或者具备对素材进行加工从而产生新形象的想象能力。

（一）联想能力训练

联想是指由一事物想到另一事物的思维过程。联想越丰富，思维越活跃。联想的基本方式有：相似联想、相关联想、相反联想、类比联想、因果联想。

1. 相似联想

相似联想是从给定事物想到与之相似的事物（形状、功能、性质等方面）的思维活动。例如，从油炸元宵可以联想到与之形状相似的乒乓球，从飞鸟可以联想到与之功能相似的飞机，从香味可以联想到与之气味属性相似的花香。相似联想能促使人们产生创造性的设想和成果。

> **演练与提高 2-12**
>
> 围绕图形"○"展开联想。
> _____
> _____
> _____

口语交际能力训练

2. 相反联想

相反联想是指由给定事物联想到此物的反面。

 演练与提高 2 - 13

① 水能载舟,亦能覆舟。②水能造福于人类,用于灌溉、运输、发电、养鱼等。
请再续一句,说明水对人类的消极作用。

_____

_____

3. 相关联想

相关联想是由给定事物联想到经常与之同时出现或在某个方面有内在联系的事物的思维活动。

例如,"木质"和"皮球"是两个离得很远的概念。但是,只要经过四步中间联想(每个联想都是很自然的)就可以从"木质"联想到"皮球"。其环节是:

木质——树林——田野——足球场——皮球。

 演练与提高 2 - 14

试着寻找"天空"和"茶"中间的联想链,将它们联系起来。

_____

_____

4. 类比联想

类比联想是指对一件事物的认识引起对和该事物在形态或性质上相似的另一事物的联想。

思考与争鸣2 - 7

一张白纸,揉皱了,即使抚平,也难以恢复原样了……每次看到这幅图,我都想起……

如果是你,你会联想到什么?

_____

_____

5. 因果联想

因果联想是指由事物的某种原因而联想到它的结果,或指由一个事物的因果关系联想到另一事物的因果关系的联想。

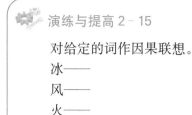
演练与提高 2 - 15

对给定的词作因果联想。

冰——

风——

火——

科技进步——

6. 综合联想训练

① 从给定信息出发,尽可能多地用到各种类型的联想,形成多种多样的综合联想链。如:
鸡——→雄鸡报晓——→桌上报晓自鸣钟——→电灯。

演练与提高 2 - 16

以下两个没有关联的信息,寻找各种各样的联想链将它们联系起来。

飞鸟——→(　　　)——→(　　　)——→(　　　)——→(　　　)——→车站

② 寻找任意两个事物的联系,可以省去联想链,但要建立两个事物间有价值的联系,并由此制造创意。

演练与提高 2 - 17

你的面前摆着四种物品:一本平装书、一瓶百事可乐、一根纯金项链、一台彩色电视机。

请从中找出一种"与众不同"的物品,然后再找出物品两两之间的共同之处。

_____

_____

③ 用给定的几个词组练习讲一段话。联想要丰富,同时按照一定的逻辑顺序和结构连缀成篇,并有一定的内涵和品味。

演练与提高 2 - 18

请用以下三个词讲一段话。

①花儿;②气息;③跑。

_____

_____

（二）想象能力训练

所谓想象是人脑对记忆中的表象进行加工和改造以后，形成新形象的过程。它是自觉进行的一种积极主动的思维方式。

想象力是创新思维的重要品质，它能使我们超越已有的知识和经验，为思维插上"翅膀"，达到新的境界，使语言表达生动活泼。

1. 再造性想象

根据语言、文字、图样的描述，在头脑中形成相应的形象。

 演练与提高 2 - 19

请以几何图形○和△展开联想，仿照例文格式，写一段话。

"看到圆，我想到圆圆的面包，那是西方人的主食，看到三角，我想到我国端午节包的粽子，圆和三角结合起来，使我想起了中西方饮食文化的不同。"

_____

_____

2. 创造性想象

创造性想象是根据一定目的和任务在头脑中创造出新形象的心理过程。创造性想象的要求是和谐统一。

例如，作家在头脑中构成新的典型人物形象就属于创造性想象。鲁迅笔下的阿 Q、祥林嫂和狂人等都是这样的艺术形象。

 演练与提高 2 - 20

请用甲同学的脸型，乙同学的眼睛，丙同学的腔调与举止，丁同学所做的事情……描述一个人的容貌与性格。

_____

_____

_____

幻想也叫憧憬，它是一种对美好的未来，对希望的事物，对某种成功的向往，是创造性想象的一种特殊形式。积极的、符合现实生活发展规律的幻想，往往是人的正确思想行为的先行。

口语交际能力训练

四、形象思维在口语表达中的运用

（一）比喻比拟法

在生活和工作中，要向他人作解释、讲道理，如果能巧借妙喻，用形象的语言说明那些深奥的道理，往往就能取得预期的效果。

> 📖 **案例与启发 2 - 20**
>
> 水均益曾做过一期题为"医生们的困境"的报道。他的开场白是："波黑冲突像一个久治不愈的病人，后来来了好多医生给病人会诊。但是病未见好转，人们却对医生们的处方和动机产生了怀疑，医生之间也产生了分歧和争论。"
>
> 水均益用了一个什么比喻说明了一个什么问题？
>
> _____
>
> _____

（二）形象描绘法

1. 形象拟人式

这是把物当成人，赋予人的动作、行为或思想感情的方法。在论述中恰当地运用拟人的方式，可以表现出强烈的感情，取得幽默讽刺的效果。

> 📖 **案例与启发 2 - 21**
>
> 惠子是梁国的宰相，庄子某天游历到梁国。惠子听说庄子来了，担心庄子会把他的相位夺去，于是派人搜查了三天三夜，一心要抓住庄子。庄子却主动找上门来，见到惠子，说道："南方有一种叫宛鸟的鸟，你知道吗？它从南海起飞，飞向北海，非梧桐不止，非竹实不吃，非醴泉不饮。可是有一只猫头鹰抓到一只臭老鼠，正好宛鸟飞过，猫头鹰仰起头来，威吓道：'吓！你想夺去我的臭老鼠吗！'"
>
> 庄子擅长用寓言故事来讲道理。他借这个寓言故事表达了什么意思？
>
> _____
>
> _____

2. 形象拟物式

这是把人当作物来描述，或把甲物当成乙物来描述的论辩方法。这种方法可以给人以具体、深刻的印象，增强语言的雄辩力量。

> 📖 **案例与启发 2 - 22**
>
> 在一次报告会上，报告人正在台上认真作报告。突然，一个喝得醉醺醺的听众在下面捣乱，学公鸡打鸣。这位报告人镇定自若，看了一下表，说道："现在是晚上 8 点钟，怎么

回事?难道天亮了吗?公鸡在叫,我简直不敢相信,然而低级动物的本能是不会错的。"醉汉自讨没趣,离开了会场,报告继续进行。

　　报告人镇定自若回击了捣乱者,他的智慧表现在哪里?

_____

_____

3. 形象描绘式

这是以形象的语言来表达意思。

思考与争鸣 2-8

　　农夫山泉的广告语:"我们不生产水,我们是大自然的搬运工。"这一形象的说法要告诉我们什么信息?

_____

_____

(三) 摆事实讲道理法

1. 形象诠释法

用形象的语言或事例来解释抽象的定义或道理,使之浅显易懂。

 演练与提高 2-21

　　请用形象的语言诠释友谊的定义。

_____

_____

2. 画面描述法

将推理论证过程转化为形象丰满的画面。用形象化的图景来描述就能化虚为实,避免就事论事,使表达具体生动。

 演练与提高 2-22

　　请按下面句式再接两句,并谈谈你的体会。

　　假如时光可以倒流我们可以去感受一下炎黄时期的史前文明;

_____

_____

（四）讲故事法

用讲故事的方法来阐述某个道理或介绍某种产品,这种具体生动的表达方式能够收到很好的效果。

案例与启发 2-23

有一次,小李在一家商场调研,他来到海尔冰箱的柜台前,他装做顾客的样子对海尔的销售人员说:"你们的质量有保障吗?"这位销售员倒没有说那么多,只是讲起海尔的总裁张瑞敏上任时因冰箱质量出问题而砸冰箱的故事,一个故事讲得小李立刻对海尔冰箱的质量肃然起敬了。

如果你是顾客,销售员此举对你会产生什么影响?

_____

_____

（五）列数据法

通过列举数据,可以使表达的内容听上去更严谨、可信。

案例与启发 2-24

"我们都知道,一寸光阴一寸金,时间要比金钱重要,你都会记账了,为什么不去记录时间呢? 不过有人会反驳说时间太抽象了,不像金钱那么具体,写日记又太文艺,怎么做? 因此两年前我总结整理了一套叫做'三十四枚金币时间管理法',方法很简单,就是早上七点起床,晚上十二点睡觉,醒的时间一共是十七个小时,按半小时分类,把这个十七个小时分成三十四块,你就有了三十四枚金币。当然你会说为什么一定七点,八点起床行不行,可以,那就是三十二枚;九点,三十枚;每天早起两小时,那就是四枚金币。每天晚上睡觉前用自己的表格记录一下这些时间是怎么用的,如果用得比较高效,比如说高效地工作了,学习了,或者痛痛快快地玩了,就把它标成绿色。但如果说用得毫无意义,拖延了,干了一些不疼不痒的事儿,比如说无限地刷微博、刷朋友圈、自己给自己点赞,你就把它标成红色,这么一来你一天的时间都干什么了,高效与否一目了然……通过记录你获得了成就感,从而获得自控力,从而能实现你的目标。"

这是"超级演说家"第二季选手艾力的演讲稿。你认为艾力列举这些数据的目的是什么?

_____

_____

五、提升形象思维能力的对策

① 多观察。通过观察训练感官的敏感性,克服心不在焉和熟视无睹的坏习惯,有意识地收集生活中的图像、声音、气味等信号,储存各种表象素材。

② 多体验。体验式学习是提升形象思维能力的法宝,就是有意识地将自己置身于真实环境中,看具体图像,听具体声音。

口语交际能力训练

③ 养成"白日做梦"的习惯。所谓"白日做梦"即在脑中"播放"相关画面,这是加深记忆从而提高形象思维能力的有效方法。

④ 多做形象比较。比较能产生更精确的记忆,这条学习法则是古今通用的。

⑤ 多做模仿训练。模仿是我们的形象思维学习和借鉴别人的体验过程和结果的主要方式。

主题要点

1. 形象思维是指人们借助形象刺激右脑,通过丰富的想象力去解决问题。

2. 形象思维三大特点:形象性、创造性、感性。

3. 形象思维能力训练途径:联想能力训练、想象能力训练。

4. 形象思维能力在语言表达中的运用有:比喻比拟法、形象描绘法、摆事实讲道理法、讲故事法、列数据法。

5. 提升形象思维能力的对策:多观察、多体验、养成"白日做梦"的习惯、多做形象比较、多做模仿训练。

一周训练计划表

时间安排	训练内容	效果评估
星期一	任拟两个互不关联的词,进行至少四步的强制联想	
星期二	"连词造句"训练。在合理想象的指引下将三个词有理有趣地组合起来	
星期三	以班上某位同学为观察对象,描述他(她)在某一特定时候的言行举止	
星期四	运用比喻比拟法描述某人兴奋或悲伤的情绪	
星期五	以形象化的语言阐释某一抽象的概念,如:"包装"	

第三章　态势语训练

主题一　肢体语言

> 从仪态感知人的内心世界,把握人的本来面目,往往具有相当的准确性和可靠性。
>
> ——达·芬奇

美国著名心理学家艾伯特·赫拉别恩曾提出过一个公式:信息交流的效果=7%的语言+38%的语调、语速+55%的表情和动作。人们的交流沟通虽然是通过说话来完成的,但我们在说话的同时也会通过目光、面部表情、手势、动作的配合来表达自己的想法和观点。除此之外,我们在无意识中做出的一些表情和动作,也会泄露我们内心真实的想法、感受、态度和情绪。

一、面部表情

据统计,人的面部肌肉有 43 块,人的面部表情变化可达数万种之多,我们可以通过不同的面部表情来表达自己的愤怒、害怕、高兴、妒忌、喜爱、紧张、骄傲、悲伤、满足、同情等感情。

思考与争鸣 3-1

请根据你的常识与经验完成下列表格。

面部表情	情感含义
脸上泛红晕	
脸上发青发白	
皱眉头	
扬眉毛	
嘴唇紧闭	
嘴唇半开	
嘴角向上	
嘴角向下	
撅着嘴	
紧咬下唇	

口语交际能力训练

德摩西堤尼是古希腊伟大的演说家,有人曾问他:"一个演说家最重要的才能是什么?"他回答说:"表情。"又问:"其次呢?"他还是回答说"表情。""再次呢?"他仍然回答说:"表情。"

 演练与提高 3-1

朗读下列诗句,给出恰当的表情。

> 我,望着这群天真的儿童,
>
> 虽然素不相识,我也抚抚他们红润的小脸。
>
> 他们陌生地瞅着我,歪着头。
>
> 像一群小鸟打量着一个恐龙蛋。
>
> 他们走了,走远了……

在与人交流时,面部表情的整体要求是自信、精神、大方、得体。在职场人际交往当中,表情语的关键体现是微笑。

(一)微 笑

世界上有一种语言是不需要翻译,就能使全世界都理解并接纳你,那就是微笑。微笑是人际交往中最受欢迎的表情。其含义非常丰富:高兴、愉悦、满足、亲切、赞同、希望等。最自然、亲切的微笑应该是面含笑意,不发声,不露齿,肌肉放松,嘴角向上略微提起。

 演练与提高 3-2

关于微笑的第一项训练:请轻声读 E(也可以不发声),并拿出手机拍下此刻的面部表情,尽量调整到最自然、最亲切的表情状态,然后巩固练习。

关于微笑的第二个项训练:含箸法。选用一根洁净、光滑的圆柱形筷子横放在嘴中,用牙轻轻咬住(含住),并保持这一面部状态。

在人际交往中,微笑有以下几个方面的作用:

① 体现心境良好。面露平和欢愉的微笑,说明心情愉快,充实满足,乐观向上,善待人生,这样的人会产生吸引别人的魅力。

② 体现充满自信。面带微笑,表明对自己的能力有充分的信心,以不卑不亢的态度与人交往,使人产生信任感,容易被别人真正地接受。

③ 体现真诚友善。微笑反映自己心底坦荡,善良友好,待人真诚,使人在与其交往中自然放松,不知不觉地缩短了心理距离。

④ 体现乐业敬业。工作岗位上保持微笑,说明热爱本职工作,恪尽职守。尤其在服务岗位,微笑更是可以创造一种和谐、融洽的气氛,让服务对象倍感愉快和温暖。

真正的微笑应发自内心,渗透着自己的情感,表里如一,毫无包装或矫饰的微笑才最有感染力。

(二)眼 神(目光)

眼睛是心灵的窗户,可以帮助人们传达许多具体、复杂甚至难以言传的思想感情。有经验的演讲者都会恰当而巧妙地运用自己的眼神,借以充分发挥口才的作用。

只有当你注视到对方的眼睛,而对方也在注视你时,彼此的沟通才能建立。阿拉伯人就会告诫其同胞"永远不要和那些不敢和你对视的人做生意。"

1. 注视的部位

在面对面的交往中,针对不同的对象,应选择不同的注视部位。

公务区:上三角——注视眼睛以上的部分,也称为公务凝视,比较庄重、正式。一般适合公务场合和听的场景。

亲和区:下三角——注视眼睛以下、脖子以上,也称为社交凝视,比较柔和、亲切。一般适合社交场合和说的场景。

亲密区:大三角——注视胸口至脖子的部分,也称为亲密凝视,比较亲密、关切。一般适合亲人、爱人等关系亲密的人之间。

2. 注视的时间

目光接触的时间对对方交流的影响十分重要。若想同别人建立良好的关系,在整个谈话过程里,你和对方的目光接触累计应达到50%—70%的时间,反之,若你在交谈时眼睛都不看着对方,自然很难得到对方的信赖和喜欢。异性之间交流时,不论是男性还是女性都不可长时间地注视对方。即使是必要的注视也不能咄咄逼人或太放肆,眼光必须是诚恳的、善意的。

3. 注视的方式

不同的注视方式代表着不同的情感态度。如:俯视表示爱护、宽容,仰视表示尊敬、崇拜,平视表示自信、坦率等。

思考与争鸣 3-2

请根据你的常识与经验完成下列表格。

注视方式	情感态度
正视	
凝视	
盯	
虚视	
扫视	
环视	
无视	

(三) 其他面部表情

调查显示,人可以用眉毛来传递28种不同的信息。如:挤眉表戏谑、横眉表轻蔑、锁眉表忧愁、低眉表顺从、飞眉表开心、扬眉表自豪等。

而五官中,嘴的表现力仅次于眼眉,嘴的开合变化也可以传递出一定的信息。如:噘嘴表生气、抿嘴表害羞、努嘴表暗示、撇嘴表不愿、咧嘴表高兴、歪嘴表不服等。

二、体态

体态由体动和身姿构成,体动即整个身体的动作,由头部、身躯、双腿的动作构成,其表达情感、传递信息的作用明显而宽泛。例如,在特定的交际环境中,点头可表示赞同、肯定、鼓励;摇头可表示反对、否定、怀疑;偏头可表示诧异、犹豫、不解;低头可表示娇羞、顺从、深思;垂头可表示无奈、沮丧、回避。身姿则是指躯干与肢体的姿态,用优美的体姿表达礼仪,比起语言更能让人感到真实、美好和生动。

(一)动态肢体语言

1. 头部动作

常见的头部动作有点头和摇头,一般点头表示肯定或赞同,摇头表示否定或不满。此外,将头保持中立状态,表明对对方的讲话无大兴趣;头下意识地从一侧斜到另一侧,说明对对方的话有一定的兴趣;将头垂下是一种消极的人体信号,往往是对对方的话缺乏兴趣时的表现。

2. 手势

手势,是演讲者运用手指、手掌、拳头和手臂的动作变化,表达思想感情的一种肢体语言。它是态势语言的重要组成部分。美国心理学家詹姆斯认为,在身体的各部分中,手的表达能力仅次于脸,讲话时的心理状态,往往也可以从手的动作表现出来。

思考与争鸣3-3

请说说下列手部动作分别代表什么意思?

手势	代表的意思
手掌向上	
手掌向下	
双手紧握	
摊开双手	
用手托摸下巴	
手指敲打桌面	

 演练与提高3-3

给下面的句子表达设计相应的手势。

(1)看!太阳升起来了,它光芒四射,普照人间。

(2)什么是爱?爱不是索取,而是奉献!

(3)小赵,真是好样的!

(4)中国人民是无所畏惧的,就算天塌下来,我们也顶得起。

口语交际能力训练

（5）同志们，千万注意，这次实验是非常关键的。

（6）这种损人利己的行为，我们是坚决反对的。

（7）她轻轻地躺倒在草地上，仰望着蓝蓝的天空。

（8）伸出我们的双手吧，拿出我们的智慧吧，献出我们青春的热血吧，我们是中华儿女，我们要做中国的脊梁！

（二）身姿

身姿包括行姿、站姿、坐姿等，是一个人精神面貌的外部体现。

1. 站姿

优雅的站姿是动态美的起点，一般分为两种形式：一种是自然式，两脚基本平行，相距与肩同宽；另一种是前进式，两脚一前一后，相距适中。无论是哪种站姿，都应肩平、腰直、身正、立稳，身体重心均衡分布在两脚之间，也可将重心稍稍落在前脚，上身略微前倾，给人以亲切、进取的形象。不能上身后仰、重心落在后脚，也不能左右摇摆、两腿打颤或轮流抖动，以免给人轻率、傲慢或慌张的感觉。

男士　　　　　　　　　女士

正确的站姿

 演练与提高 3 - 4

请按以下所列要求训练站姿。

① 头部抬起，双目平视前方，下颌微收，脖颈挺直，面带微笑，精神饱满。

② 双肩自然放平，两臂垂于身体两侧，或双手自然交握于腹部上部，挺胸、收腹、立腰，和谐有朝气。

③ 臀部略收,双腿并拢直立,重心落于脚掌,挺拔自然。

④ 男士可以两脚并拢或稍微分开站立。女士可以双脚跟并拢脚尖分开呈 30 度夹角,或双脚呈"丁"字,身体略侧站立。

2. 走姿

行走时要步履稳健而轻捷;不要慌慌张张,摇摇晃晃,拖拖沓沓。最能体现出一个人精神面貌的就是走姿。优雅、稳健、敏捷的走姿,会给人以美的感受,产生感染力,反映出积极向上的精神状态。女性脚步应轻盈均匀,要尽量走成一条直线,显示出优美的韵律感;男性脚步应稳重、大方、有力,显示出阳刚之气。

 演练与提高 3 - 5

请按以下所列要求训练走姿:

① 头部抬起,下颌微收,双目平视前方,面带微笑,精神饱满。

② 挺胸、收腹、立腰,上身略前倾。

③ 双肩自然下沉,手臂放松,手指自然弯曲,以肩关节为轴,上臂带动整个手臂摆动。两臂前后摆动的幅度不得超过 30 度。

④ 每迈出一步,前脚跟到后脚尖之间的距离,一般为 1～1.5 个脚长。

⑤ 脚落地的位置,女士行走时两脚内侧着地的轨迹应在一条直线上。男士行走时两脚内侧着地的轨迹应在两条直线上。

⑥ 步速标准为女士每分钟 118～120 步,男士每分钟 108～110 步。

3. 坐姿

任何一种坐姿都能毫不掩饰地反映出人的心理状态。如:抬头仰身靠在座位上,反映了倨傲不恭的心理;上身略微前倾,头部侧向说话者,表示洗耳恭听;上身后仰并把脚放在前面的茶几或桌子上,是放纵失礼的表现;欠身或侧身坐在椅子的一角是谦恭或拘谨的反映;跷起二郎腿不时晃动的坐姿表现出心不在焉;不断变换坐姿流露了疲倦不耐烦或想发表意见的心态。

入座应从容大方、轻稳和缓,背向椅子,轻缓落座。女士要双手从臀部边平整裤、裙,边顺势坐下。起座要舒缓、自然。可右脚向后收半步,用力蹬地,起身站立,或用手掌支撑大腿,重心前移,起身站立,给人以高贵、文雅、自然大方的感觉。

女士正确的落座

口语交际能力训练

演练与提高 3 – 6

请按以下所列要求训练坐姿。

① 头正，下颌微收，双目平视前方，面带微笑。

② 腰直、挺胸、收腹。

③ 双肩自然下沉，双臂自然弯曲。

④ 两手自然地放在膝盖、扶手或桌面上。女士还可双手呈互握式，右手盖住左手手指部分，放于腹前双腿上。

⑤ 臀部坐满椅子面积的二分之一。

⑥ 女士双腿并拢，小腿与地面垂直。男士双脚向外平移，两腿间距离不得超过肩宽，小腿与地面垂直，双膝分开，两脚张开，大致与肩同宽，平放地面。

男士　　　　　女士

正确的坐姿

4. 鞠躬

在交际活动中，人的情感传达和信息传递可以由整个身体动作来展现。现代文明礼仪常用的是鞠躬。表示一般敬意时，上身前倾 15 度左右；演讲者上台演讲时，上身前倾 45 度鞠躬，目视下方点头，然后抬头起身，目视听众，表示对听众的谢意。

戴尔·卡耐基说："良好的表情姿势，只能通过你自己的内心去寻找。因为好的表情姿势，必须是从你对问题的兴趣和令人对你深表同情的欲望中散发出来的。完全发自内心的表情姿势，一定比书中僵硬的法则要有价值得多。"卡耐基告诉我们，肢体语言只是语言技巧的外壳，而内心的真诚才能使其语言焕发光芒。

45 度鞠躬

三、服饰语言

服饰语言是指在交际场合通过服装和饰品传递出来的信息。同人的行为举止一样，服饰也有着丰富的信息传播功能。作为形体的外延，它显示着一个人的个性、身份、涵养及其心理状态等多种信息。服饰语言在现代社会中已成为有着特殊意义的交际工具。

（一）服饰与整体形象塑造

在当今竞争激烈的社会中，一个人的形象远比人们想象的更为重要。调查结果显示，当两个人初次见面的时候，第一印象中的 55％ 来自你的外表，包括你的衣着、发型等；第一印象中的 38％ 来自一个人的仪态，包括你举手投足所传达出来的气质，说话的声音、语调等；而只有 7％ 的内容上来源于简单的交谈。也就是说，第一印象中的 93％ 都是关于你的外表形象的。

美国一位形象设计专家对美国财富排行榜前 300 位中的 100 人进行过调查，调查的结果

口语交际能力训练

是:97％的人认为,如果一个人具有非常有魅力的外表,那么他在公司里会有很多升迁的机会；92％的人认为,他们不会挑选不懂得穿着的人来做自己的秘书；93％的人认为,他们会因为求职者在面试时的穿着不得体而不予录用。

在不同场合,穿着得体、适度的人,会给人留下良好的印象,而穿着不当,则会有失身份,损害自身的形象。在社交场合,得体的服饰也是一种礼貌,会在一定程度上直接影响着人际关系的和谐。

思考与争鸣 3-4

请试着谈谈如何着装才是得体的,给人以美的享受？ 哪些因素会影响着装的效果？

_____

_____

（二）着装原则

服装是一种无声的语言,如何着装可从一个侧面真实地传递出一个人的修养、性格、气质、爱好与追求。要使着装后的个人形象富有魅力,应遵循以下原则。

1. 整体性原则

培根说:"美不在部分而在整体。"服饰的整体美构成因素是多方面的,包括人的形体和内在气质,服饰的款式、色彩、质地、工艺及着装环境等。服饰美是通过多种因素的和谐统一显现出来的。

案例与启发 3-1

小林是某公司的一名销售人员,公司对于销售人员的个人形象要求很高。于是,小林在他第一次外出推销产品时,便穿上了一身刚买的深色西装、搭配了一条印有草履虫图案的领带、一双黑色的皮鞋。希望自己的形象能为业务加分。然而事与愿违,他虽然跑了不少地方,但接待他的人只打量他几眼后,便把他支走了。这让小林大惑不解。

你能帮小林找找问题出在哪里吗？

_____

_____

---

2. 个性化原则

着装的个性化原则,主要是指依据人的性格、年龄、身材、气质、爱好、职业等要素,力求在外表上反映一个人的个性特征。莎士比亚曾说:"服饰往往可以表现人格。"服装选择要符合个人的气质,透过服饰展现自己的风采。不要盲目赶时髦,而要穿出自己的个性。

3. TPO 原则

TPO 是英文 time、place、object 三个单词的首字母缩写。

T 代表时间、季节、时令、时代；P 代表地点、场合、职位；O 代表目的、对象。TPO 原则是世界通行的着装打扮的最基本原则。它要求人们的服饰应力求和谐,以和谐为美。着装要与时间、季节相吻合,符合时令；要与所处场合环境,与不同国家、区域、民族的不同习俗相吻合；

符合着装人的身份;要根据不同的交往目的、交往对象选择服饰,给人留下良好的印象。

人的社会生活是多方面、多层次的,在不同的社会场合,一个人所扮演的社会角色是不同的。在社会活动中,一个人的仪表、言行必须符合其身份、地位、社会角色等,才能被别人所理解和接受。

> **案例与启发 3 - 2**
>
> 郑伟是一家大型国有企业的总经理。有一次,他获悉一家著名德国企业的董事长正在该市进行访问,并有寻求合作伙伴的意向。他于是想尽办法,请有关部门为双方牵线搭桥。让郑伟高兴的是,对方也有兴趣同他的企业进行合作,而且希望尽快与他见面会谈。到了双方会面的那一天,郑伟对自己的形象刻意地进行一番修饰。他根据自己对时尚的理解,上穿夹克衫,下穿牛仔裤,头戴棒球帽,足蹬旅游鞋。他希望自己能给对方留下精明强干、时尚新潮的印象。
>
> 你认为郑伟的着装是否得体?
>
> _____
>
> _____

(三)着装的要求

1. 着装应与自身条件相适应

选择服装首先应该与自己的年龄、身份、身形、肤色、性格和谐统一。年长者、身份地位高者选择的服装款式不宜太新潮,款式宜简单,而面料质地则应讲究些,才与身份、年龄相吻合。青少年着装则着重体现青春气息。

不同的身型对服装的要求也不同。用服饰弥补体型缺陷的原则是:直线条会使人产生延伸感,横线条则会使人产生收缩感;紧束的衣服可以使形体某些部位后收;深颜色有缩拢的视觉效果;浅颜色则相反;皱褶的装束可使某些部位看起来丰满,平面的装束可引开人们的视线;颜色单一的衣裤会使身材显得高挑些,杂色的衣裤则让人显矮。

另一项会影响各类服装给人第一印象的要素是色彩。人们经常根据配色的优劣来决定对服装的取舍,来评价穿着者的文化艺术修养。所以服装配色,是衣着美的重要一环。服装色彩搭配得当,可使人显得端庄优雅、风姿绰约;搭配不当,则使人显得不伦不类、俗不可耐。要巧妙地利用服装色彩搭配的技巧,得体地打扮自己,首先就要掌握服装配色的基本原理,了解服装色彩的象征意义。

> **思考与争鸣 3 - 5**
>
> 你所了解的服装色彩的象征意义有哪些? 请尝试填写下表。

色调	色彩	象征意义
暖色调	红色	
	黄色	
	橙色	

（续表）

色调	色彩	象征意义
冷色调	黑色	
	蓝色	
中间色	黄绿色	
	红紫色	
	紫色	
过渡色	粉色	
	白色	
	淡绿色	

服装的色彩是着装成功的重要因素。服装配色以整体协调为基本准则。全身的着装颜色搭配最好不超过三种颜色，而且以一种颜色为主色调，颜色太多则显得乱而无序，不协调。灰、黑、白三种颜色在服装配色中占有重要位置，几乎可以和任何颜色相配并且都很合适。

 演练与提高 3-7

请几位不同身型、不同脸型的同学担任你的模特儿，尝试为他们设计合适的着装。

2. 着装应与职业、场合等相协调

工作时间的着装应遵循端庄、整洁、稳重、美观、和谐的原则，能给人以愉悦感和庄重感。一个单位职业的着装和精神面貌，往往就能体现这个单位的工作作风和发展前景。

一般而言，商务人员所涉及的场合主要有：公务场合、社交场合、休闲场合。

（1）公务场合。

所谓公务场合是指执行公务时涉及的场合，它一般包括在办公室里、在谈判厅里以及外出执行公务等情况。公务场合着装的基本要求为注重保守，宜穿着套装或制服。不宜穿着时装、便装。必须注意的是在非常重要的公务场合，短袖衬衫不能作为正装来选择。

（2）社交场合。

所谓社交场合是指工作之余在公众场合和同事、商务伙伴友好地进行交往、应酬的场合。社交场合着装的基本要求是时尚个性，宜着礼服、时装、民族服装。在这种社交场合一般不适合选择过分庄重保守的服装，如果穿着制服去参加舞会、宴会、音乐会，就和周边环境不大协调了。

（3）休闲场合。

所谓休闲场合是指在工作之余一个人独处或与家人在一起，以及在公共场合与其他人共处的场合。休闲场合着装的基本要求是舒适自然，换言之，只要不触犯法律、不违背伦理道德、

口语交际能力训练

无碍他人的身体安全,那么休闲场合的穿着打扮可以完全凭个人喜好。一般在休闲场合,人们适合选择的服装有运动装、牛仔装、沙滩装以及各种便装,比如 T 恤、短裤、凉鞋、拖鞋等。

此外,着装应与交往对象、目的相适应。与外宾、少数民族相处,更要特别尊重他们的习俗与禁忌。

总之,服饰打扮应该做到合己、合时、合俗。

四、界域语

界域语是交际者之间以空间距离所传递的信息,它是人际交往的一种特殊的无声语言。常见的几种界域语有:距离界域语、位置界域语、高度界域语。

(一)距离界域语

在交往中要注意与交往对象保持一定的距离,双方之间的交往距离直接反映了交往双方关系的密切程度。人与人交往,一般有四个层次的距离:亲密距离、人际距离、社交距离和公共距离。

1. 亲密距离

这是人际交往中的最小间隔。在亲密距离范围内,人们相距不超过 0.45 米,可以有意识地、频繁地相互接触。适用对象为父母、子女或亲密的朋友。亲密距离是十分敏感的交往领域。一个不属于这个亲密距离圈子内的人随意闯入这一空间,不管他的用心如何,都是不礼貌的,会引起对方的反感,也会自讨没趣。

2. 人际距离

人际距离一般在 0.45~1.2 米之间,这是我们在进行非正式的个人交谈时最常保持的距离。这个距离允许人们与朋友或熟人随意谈话。如果把距离移到 1.2 米之外,就有交谈会被外人无意听到的感觉,此时进行交谈将会很困难。

3. 社交距离

社交距离是指在社交场合人与人交往应保持的距离。社交距离一般间隔 1.2~3.65 米。它适用于面试、社交聚会、访谈等场合。这种距离在社交中具有一定的灵活性,是一种较为自由的距离,对双方在心理和感情上都没有约束力。

4. 公共距离

公共距离是指在公共场合下,集体交往的距离,适用于演讲、上课等场合。如果你是讲演者,若能善于运用自己的思想和感情、眼光和动作,不断掀起听众或观众感情的涟漪,使其感到亲切、快慰、兴致勃勃,就会在心理上拉近你和他们的距离,从而产生良好的效果。

思考与争鸣 3-6

当你高高兴兴地走进一家服务单位,准备对其服务内容进行了解、加以选择或予以享用时,如果一些服务人员异常热情地围拢上来,结果不但没有带给你宾至如归的感觉,反而让人产生一种想要马上离开的心理。请你根据界域语理论,说说在服务中应如何把握与客户之间的距离。

_____

_____

（二）位置界域语

位置在沟通中所显示最主要的信息就是身份。比如宴请来宾时,位置讲究主宾之分,东道主坐在正中,面对上菜方向,他右侧的第一个位置给最重要的客人,左侧的第一个位置留给第二重要的客人,其他客人、陪同人员应以东道主为中心,按职务、辈分依次落座。

思考与争鸣3-7

假设 A 与 B 交谈,B 相对于 A 来说有四个基本的位置可以坐。①近角的位置;②同侧的位置;③对面的位置;④对角线的位置。请问怎么坐比较友好?

（三）高度界域语

在日常生活中,不但交际双方的距离喻示着两人之间的关系,影响着交际效果,双方的相对高度也会以一种不易察觉的方式影响着交际双方的情绪。一个人在另一个人面前降低身体的高度,可以被作为一种确立上下级关系的手段。

主题要点

1. 面部表情贵在自然、真挚。
2. 体态是由体动和身姿构成。
3. 服饰语是在交际场合通过服装和饰品传递出来的信息。
4. 着装原则:整体性原则、个性原则、TPO 原则。
5. 服饰打扮应做到合己、合时、合俗。
6. 界域语是交际者之间以空间距离所传递的信息,它是人际交往时一种特殊的无声语言。

一周训练计划表

时间安排	训练内容	效果评估
星期一	每天面对镜子练习微笑5分钟	
星期二	每天背靠墙壁练习标准站姿10分钟	
星期三	每天依照要求练习标准走姿10分钟	
星期四	去跟不同关系的人交流,观察不同距离给对方及自己怎样不同的感觉	
星期五	逛商城,试穿各种不同风格的服装,把搭配最好的休闲装与正装用相机拍摄下来以备课堂交流	

主题二　语音语调

> 演讲人的声调语气、眼神和态度所包含的雄辩能力，比字句更有力量。
>
> ——孟德斯鸠

语音是语言的物质外壳。人类语言的交际作用，很大一部分是通过代表一定意义的声音来实现的。声音是除仪容、形体之外的"第三形象"，被称为"沟通中最强有力的乐器"。

一、声音的重要性

一个人首先给他人留下印象的是衣着打扮，其次就是他的声音。声音在塑造人的形象方面具有非常重要的作用，尤其当两个人通过电话交流的时候，声音就是唯一能够代表人形象的东西。好听、悦耳的声音让人感到愉悦、开心，会乐于与说话者进一步交谈。所以好的声音可以为人加分，提升人受欢迎的程度。

 演练与提高 3-8

声音表情小游戏——"你好笨"。

① 请分别用喜、怒、哀、乐的情绪来表达这句话。

② 请以不同的角色（家长、上司、好朋友）来表达这句话。

二、影响声音的因素

优质的声音应该是圆润、明朗、有弹性的。这种声音自然、不做作，同时又刚柔兼具，善于表达感情，使说话声情并茂。而影响声音效果的因素有很多，下面具体从语音、语调、音量、语速、语气等方面逐一介绍。

（一）语音

说起语音训练，就必须讲到呼吸、共鸣和吐字归音，这是科学发声的三个基本要素。

1. 呼吸

人类没有单独的发音器官，而是通过呼吸、消化器官来发音的。气息是声音的动力来源。充足、稳定的气息是发音的基础。有的人讲话、唱歌声音洪亮、持久、有力，人们会说他"中气很足"；相反，有的人说话、唱歌音量很小，有气无力，像蚊子叫一样，使人难以听清。这除了身体素质的区别外，还有一个气息调节技巧的问题，即呼吸和讲话的配合是否协调。

说话是一个不断补充气息的过程，语句的连贯性需要有符合语言特点的气息调节与控制，需要不断地在说话过程中吸气、呼气、存储气量。正常情况下，说话是在呼气时进行的，停顿时

口语交际能力训练

则是在吸气。如果是持续时间较长的讲话或朗诵,必然要求有比平时说话更强的呼吸循环。想要嗓音富于弹性、耐久,需要供给声带源源不断的气流。

思考与争鸣 3 - 8

我日常的呼吸方法是否正确呢？常见的练习呼吸的方法有哪些？

2. 共鸣

声音的明亮悦耳决定于声音的共鸣作用。人的口腔、胸腔等器官就如同一个个音箱,搭配使用得当就能发出具有磁性的嗓音。共鸣训练强调通过对发音器官的控制练习,以达到理想的音质音色。好的用声者用在声带上的能量只占整个用声能量的五分之一,剩下的都用在控制发音器官的形状与运动上。良好的共鸣可以减轻气流对声带的冲击,可以丰富、改变音色。人的声道共鸣器官主要有胸腔、口腔、鼻腔等。胸腔共鸣能使声音浑厚、洪亮;口腔共鸣能使声音结实、明亮;鼻腔共鸣能使声音明丽、高亢。如果我们能正确、合理地运用,并相互协调配合,就能获得圆润、悦耳、丰满、动听的声音。

思考与争鸣 3 - 9

声音的共鸣练习需要掌握哪些动作要领？

演练与提高 3 - 9

请按以下提示进行共鸣练习。

① "哼鸣"的基本练习:一般在开始练声时,先练"m"音。练习哼鸣时首先上下唇自然地闭上、口腔内部要打开,好像闭口打哈欠的感觉,感到声音向高位、额窦、鼻窦处扩展,切勿把声音堵塞在鼻腔里,否则只会发出鼻音。

② 体会 a、i、o、u、e 等单母音,练习头腔、口腔和胸腔共鸣。

③ 体会 ma、me、mi、mo、mu 等音,练习头腔、口腔和胸腔共鸣。

3. 吐字归音

汉字的发音应该遵循汉字的音节结构特点,要求得"珠圆玉润",应该尽量将每个汉字的发音过程处理成"枣核形",以声母或者韵头为一端,以韵尾为另一端,韵腹为核心。达到枣核形是让自己的普通话更纯正的关键,但也不要片面强调字字如核,这样必然会违背语言交流的本质,过分追求技巧和方法,而削弱声音的感情色彩、破坏语言的节奏。

汉字的音节结构分为声、韵、调几个部分。声,又叫字头;韵,有韵头、韵尾、韵腹三个部分;调,即字神,体现在韵腹上。一个汉字的音程很短,大多在三分之一秒就会结束。要在短短的时间内兼顾声韵调和吐字归音,做到吐字清晰,声音饱满,必须从日常训练时就开始严格要求。

① 出字——要求声母的发音部位准确、弹发有力。

② 立字——要求韵腹拉开立起,做到"开口音稍闭,闭口音稍开"。

③ 归音——干净利落,不可拖泥带水。尤其是在 i、u、n、ng 等做韵尾时,要注意口型的变化。

 演练与提高 3－10

请针对以下内容进行吐字归音练习。

① 词语练习:

压缩　缺乏　理解　咸鱼　熊掌　土地　四十　哨所　张嘴

清正廉洁　英勇顽强　百炼成钢　翻江倒海　追悔莫及

② 绕口令练习:

一葫芦酒,九两六;一葫芦油,六两九。六两九的油要换九两六的酒,九两六的酒不换六两九的油。

在吐字训练中,要注意口型和发音器官操作要到位。韵母在形成口型时作用最大。在讲话时,一些人有意无意地会出现图省事的情形,嘴巴没张到应有的程度,或者嘴、齿、舌、鼻、喉、声带等器官动作不够协调,于是就发生"吃字"、"隐字"、"丢音"或含糊不清,音量过小,吐字不准等现象。如:有人把"政治家"念成"整治家"、"针织家",有人将"公安局"念成"官局"等。由于发音不到位,便会造成歧义、产生误解,不能准确地表情达意。

（二）语调

语调能美化语言,加强语言色彩。语音的美化包括四方面的内容:语音的轻重变化、停顿、升降变化及拖音。

1. 语调的轻重变化

（1）重音:为了突出某个意思,而把某些词的音量加大,讲得重一些,就是重音。

（2）轻音:由于表情达意和创造特殊表达效果的需要,把话讲得轻一些,音量小一些,就是轻音。

思考与争鸣 3－10

在说话或演讲过程中,怎样确定句子的重音呢?一般用什么方法来表现重音呢?

_____

_____

口语交际能力训练

演练与提高 3-11

请指出下文中需加重音处理的字词,并有感情地诵读《念奴娇·赤壁怀古》的这段词句。

大江东去,浪淘尽,千古风流人物。故垒西边,人道是,三国周郎赤壁。乱石穿空,惊涛拍岸,卷起千堆雪。江山如画,一时多少豪杰。

2. 语调停顿变化

停顿就是句子当中、句子之间、句群之间的间歇。

 演练与提高 3-12

说话要注意语气停顿。给"他同意我不同意"这句话加上不同的标点,使之构成四种不同的意思表达。

① 有问无答:＿＿＿＿＿＿＿＿＿＿＿＿＿＿＿＿＿＿＿＿

② 意义不一致:＿＿＿＿＿＿＿＿＿＿＿＿＿＿＿＿＿＿

③ 有问有答,答案否定:＿＿＿＿＿＿＿＿＿＿＿＿＿＿

④ 有问有答,答案肯定:＿＿＿＿＿＿＿＿＿＿＿＿＿＿

思考与争鸣 3-11

《念奴娇·赤壁怀古》这首词该如何做停顿处理呢?

＿＿＿＿＿＿＿＿＿＿＿＿＿＿＿＿＿＿＿＿＿＿＿＿＿＿＿＿

＿＿＿＿＿＿＿＿＿＿＿＿＿＿＿＿＿＿＿＿＿＿＿＿＿＿＿＿

＿＿＿＿＿＿＿＿＿＿＿＿＿＿＿＿＿＿＿＿＿＿＿＿＿＿＿＿

3. 语调升降变化

语调的升降,会使表达的思想感情出现差异。在朗读或说话时,如能注意语调的升降变化,语音就有了动听的腔调,听起来便具有乐感,也就能够更细致地表达不同的思想感情。语调的变化,主要有以下几种:

(1)高升调。高升调多在疑问句、反诘句、短促的命令句,或者是表示愤怒、紧张、警告、号召的句子里使用。朗读时,注意前低后高、语气上扬。

(2)降抑调。降抑调一般用在感叹句、祈使句或表示坚决、自信、赞扬、祝愿等感情的句子里。表达沉痛,悲愤的感情,一般也用这种语调。朗读时,注意调子逐渐由高降低,末字低而短。

(3)平直调。平直调一般多用在叙述、说明或表示迟疑、思索、淡漠、追忆、悼念等的句子里。朗读时语调始终平直舒缓,没有明显的高低变化。

(4)曲折调。曲折调用于表示讽刺、讥笑、夸张、强调、双关、惊诧等的句子里。朗读时由

口语交际能力训练

高而低后又高，或把句子中某些特殊的音节特别加重、加高或拖长。

通过对不同的语调的分析，可以对对方的态度作出判断，而后做出自己的反应。

4. 拖音的处理

拖音，即声音的延长。根据表达的需要，有时声音需要延长。

 演练与提高 3-13

请根据以下要求进行语调练习。

这是一百万元。（一手交钱，一手交货，司空见惯）

这是一百万元！（强调金额很大）

这是一百万元？（怀疑，不相信有这么多）

这是一百万元？（惊讶，怎么这么多）

这是一百万元？（喜悦，为一下子有这么多钱而高兴）

这是一百万元！（后悔，不该错过赚大钱的机会）

（三）音量

掌握音量要遵守以下两个原则：一是让对方听清楚你在讲什么，所以你应根据听众人数的多少、场所的大小控制你的音量；二是根据对方的情绪调整你的音量。

音量控制对照表

音量级	声音效果	演说效果
9—10	声嘶力竭	强求听众接受观点
7—8	镇定、生动	权威、有趣
5—6	单调	乏味
3—4	弱	缺乏可信性
1—2	听不见	胆怯、混乱

小声说话会给人一种不是很自信的感觉，但是声音太大的话又显得不太礼貌。所以，正确的做法是使用中音讲话，保持音量的平稳正常。

（四）语气

语气直接影响着对方的感受，影响到沟通效果。因为你想表达的内容有67%是通过语气传递给对方的。

语气是体现说话者立场、态度、个性、情感、心境等起伏变化的语音形式，它是思想感情和语音形式的统一体。有了恰当的语气，才能生动、正确地反映出说话者的本意。

语气是多种多样的，依据句型可分为：陈述语气、疑问语气、感叹语气、祈使语气；依据内容可分为：表意语气、表情语气、表态语气。

1. 表意语气

通过这种语气，向听众表达自己的意见，句子中通常有相应的语气词。它或独立成小句，或用于小句末尾,或用于整段话的末尾。

 演练与提高 3-14

请根据以下要求进行表意语气练习。
对此,你的意见如何呢?(询问)
你真的事先一点也不知道吗?(质问)
你不要一意孤行,执迷不悟啊。(提醒)
排长,敌人上来了,打吧。(催促)
您把那本书借给我看几天吧。(请求)
站住!否则我就开枪啦。(命令)
你上哪儿?(询问)
你昨天怎么旷课啊?(责备)

2. 表情语气
通过这种语气,向听众表达自己的某种情感,句子中通常也有相应的语气词。

 演练与提高 3-15

请根据以下要求进行表情语气练习。
哎呀,这下子可好了。(喜悦)
日本鬼子真是坏透了。(愤恨)
他这位才华横溢的作家死得太早了。(惋惜)
这一仗打得真漂亮啊!(赞叹)
哦!我终于弄明白了。(醒悟)
呸!你这个无耻的叛徒!(鄙视)

3. 表态语气
通过这种语气,向听众表达自己的某种态度,句子中有时也用语气词。

 演练与提高 3-16

请根据以下要求进行表态语气练习。
他确实尽了最大的努力。(肯定)
这件事恐怕难以办到。(不肯定)
我不希望看到那样的结果。(委婉)
你认为这样做行吗?(商量)
这种意见是错误的。(否定)

口语交际能力训练

（五）语速

语速是指单位时间里吐字的数量，一般分为快速、中速、慢速三种情形。语速的变化是表情达意的重要手段。

1. 快速

一般用于表示紧张、激动、惊奇、恐惧、愤怒、急切、欢畅、兴奋的心情，或者用于叙述急剧变化的事物与惊险的场景，或者用于刻画人物的机警、活泼、热情的性格等。

2. 中速

一般用于感情与情节变化起伏不大的场合，或用于平常的叙事、议论、说明、陈述等。

3. 慢速

大多用于表示沉重、悲伤、忧郁、哀悼的心情，或用于叙述庄重的情景。

不论是快速、中速、慢速，都应有一个"度"。比如，快速，不能像放鞭炮似的，使人耳不暇接；慢速，也不能慢慢吞吞，半天一句，使人听起来十分吃力，觉得不耐烦。一句话，就是快慢要得体。

三、如何塑造你的声音

要使你的声音有亲和力和说服力。一定要记住充分调动自己的表情、肢体语言，要微笑着说话，让人听到你的声音就能感受到你的亲切与热情。

每天朗读半个小时的报纸，训练标准、圆润、流利的普通话。

时刻充满自信。自信的语言具有这样的特点：声音有力、坚定又真诚，表达流利，音量适中。

总的来说，要塑造好你的声音要把握以下几个要素：注意力要集中，热情、开朗、面带微笑，咬字清晰，语速、音量适中，善用停顿，措辞要专业。

主题要点

1. 影响声音的因素：语音、语调、音量、语速、语气

2. 如何塑造你的声音：绽放甜美的笑容；练就一口标准、圆润、流利的普通话；时刻充满自信。

一周训练计划表

时间安排	训练内容	效果评估
星期一	选择你最喜欢的配音演员的录音，揣摩他(她)的发音特点	
星期二	每天练习说话的气息	
星期三	每天朗读 50 个词语，并录音	
星期四	每天收看《新闻联播》，模仿朗读其中一则新闻	
星期五	尝试用你认为最满意的声音给久未联系的朋友打电话，并尽量获取朋友对你声音的评价	

口语交际能力训练

模块二　专项语言能力训练

第四章　演讲训练

演讲活动是一种源远流长的社会现象,始终伴随着人类文明的发展而发展。所谓演讲,是指演讲者在特定的场合(时间、空间和情境)中,面向听众,凭借自己的口才,运用有声语言和态势语言,阐明道理、抒发感情、发表个人见解,从而使听众受到感召的一种社会语言交流活动。演讲因分类标准不同而有不同的种类划分。在日常学习生活中,常见的演讲形式有命题演讲和即兴演讲。

主题一　命题演讲

> 在重要的演讲之前,演讲者一定得先在心中对主题反复斟酌,把演说准备变成自己生活的一部分。这么一来,无论你在街上行走、看报、睡觉或起床,都可能会发现有利于演说的生动事例,也可能发现某种演说技巧。
>
> ——诺曼·托马斯

一、命题演讲的定义和特点

(一)命题演讲的定义

命题演讲即定题演讲,是指演讲组织者事先拟定题目或规定了演讲的主题范围,而且演讲者也是提前作了充分准备的演讲。这种演讲涵盖面比较广,像各种会议上的开幕词、报告、闭幕词、学术课堂上的专题演讲等均属此类。

(二)命题演讲的特点

1. 严谨性

命题演讲要有较充分的准备,无论是主题的确定、材料的选择、演讲稿的设计,还是演讲过程都是经过周密安排的。

2. 稳定性

命题演讲的内容是事先确定的。在临场演讲时,演讲者一般都照写好的演讲稿进行讲演,它所受时境的限制较少,内容因时境而变化的可能性也相对要少一些。

3. 针对性

命题演讲是对事先规定好的主题或题目的演讲,所以要求演讲者在演讲时主题鲜明,具有针对性。

二、演讲的要素

演讲要素由演讲主体、演讲客体、演讲载体和演讲受体四个部分组成。四个部分共同构成了演讲的整体,缺一不可。只有了解了各要素的具体内容,才能充分发挥其作用,而只有各要素的有机统一才能使演讲达到理想的效果。

1. 演讲主体

演讲主体即演讲者,是演讲活动的中心,是演讲的内容的发表者和体现者,也是演讲成败的决定因素。

思考与争鸣 4－1

你认为演讲者必须具备哪些素质?

_____

_____

2. 演讲客体

演讲客体,即演讲的内容,是演讲要反映的客观事物以及这些事物在演讲主体心灵中形成的意识成果。

思考与争鸣 4－2

根据对日常听到的各类演讲的分析,请你说说演讲中对演讲客体有哪些具体要求?

_____

_____

3. 演讲载体

演讲的载体是语言,语言又包括口头语言和态势语言。演讲是语言的艺术。语言运用不好,演讲便很难获得成功。演讲需要口头语言和态势语言的良好配合才能达到最佳效果。

思考与争鸣 4－3

请你尝试分析演讲语言的表达效果应该包括哪些要素?

_____

_____

4. 演讲受体

演讲的受体是听众。听众是演讲中不可或缺的重要组成部分,没有了听众的演讲便称不上是演讲。听众是演讲活动的积极参与者,而非被动的接受者,是演讲中非常活跃的积极因素,听众对演讲的信息接收程度有完全的主动权,并且听众可以对演讲者的内容进行反馈。所

口语交际能力训练

以,演讲时需要演讲者有强烈的对象意识,有针对性。关心听众,收集听众的信息,把听众当成自己的朋友,这对演讲的成功非常重要。

三、如何准备命题演讲

(一)选题

1. 选题的要求

选题就是选择演讲所要阐述的主要问题,即"讲什么"。选择一个饶有趣味并易于驾驭的主题,是决定演讲成败的关键。选题决定着你的演讲思路。要把论题选好,必须遵循需要性原则和适合性原则。所谓需要性,就是要选择现实需要亟待回答的论题。所谓适合性,就是要选择那些适合演讲听众、演讲时间、演讲场合和演讲者实际的论题。命题演讲往往确定了大致的主题,但演讲者仍需要找准一个适合你本人和演说场合的角度。因此,选题时应该把握以下几点:

① 必须是自己熟悉的内容。

② 选题要积极向上。

③ 选题要有时代感。

④ 选题要符合听众口味,听众需求。

2. 确定主题

主题是演讲者在演讲中所要表达的中心思想或基本观点。它体现着演讲者对所阐述问题的总体性看法,是整个演讲的"灵魂"。叶圣陶说过:"一场演说,必须是一件独立的东西……用口说也好,用笔写文章也好,总得对准中心下功夫,总得说成功写成功一件独立的东西。不然,大家就会弄不清楚你在说什么,写什么,因而你的目的就难以达到。"只有通过精选主题,将自己的力量用在一个中心点上,才可以赢得听众的心。

那么,在确定主题时要注意哪些具体环节呢?

① 确定你要阐述哪些要点,可以通过思考以下问题来获取:主题的哪些方面最适合这些听众和演说场合? 主题的哪些方面最利于发挥你的演讲优势?

② 拟出明确的论点,方法是写出一个概括主题的论点陈述句;再把论点陈述句分解为一系列有待回答的问题。

③ 限定主题,即主题要点愈少愈好。在精选主题时认真思考以下问题:你为什么认为这是一个有价值的主题? 这一主题在实际生活中能否得到印证? 你的论点究竟是要证明什么? 事实又是怎样发生的?

3. 拟定标题

内容决定了演讲题目,而题目必须鲜明地突显内容的特点。一个新颖、生动、恰当而富有吸引力的题目,不仅能在演讲前给人急欲一听的强烈愿望,而且在演讲结束之后,同其内容一样,会给人留下长久的记忆,甚至广为流传。所以,在拟定标题时要遵循以下原则:

① 明朗性。

一是内容明朗,让人一听就懂。例如,少管所举行关于"挽救失足少年"的演讲赛,一演讲者初赛标题是《炼玉》,"玉"与"狱"同音,让人困惑,后改成《我用爱心播洒阳光》就明朗多了。二是作者态度明朗,即在标题中透出自己的观点。例如,在"反对家庭暴力"的演讲会上,妇联主任和一位农村妇女的演讲标题分别是《女人,你的名字不是弱者》、《女人也是人》。

② 适应性。

一是适应演讲内容,不能"穿西服戴军帽"。例如,在"众志成城,抗击非典"的主题演讲会上,一位选手的题目是《光荣啊,护士》,然而他的内容却是几位患者如何与病魔做斗争的事迹,完全跑题了。二是适应听众,内容要符合听众的知识层次、思想水平和兴趣状况。像一位宣讲员在向农民讲劳模事迹时把标题《一位法官的风采》改为了《咱身边的"包青天"》就很合大家口味。三是适应演讲者,即题目要和演讲者的身份、职业协调。一位老红军可以用《要珍惜你今天的生活》为题进行演讲,小青年就不合适。

③ 新颖性。

在图书馆举办的以读书为题的演讲赛上,听众对《谈读书的重要性》、《论读书》等演讲标题没什么反响,而一位老者的《还是读书滋味长》的题目,却引起了人们的兴趣。推陈出新方法很多,像《爱——开启智慧大门的金钥匙》就很有诗意;也可用时尚语,例如《将母爱进行到底》;还可用倒装句和反问句,例如《壮哉,军人》、《让我怎能不爱你》的题目就很别致。

演讲标题,是演讲者给全篇演讲树起的一面旗帜。它对整篇演讲的重要性不言而喻。在拟题时,我们可以采用以下几种方法:

- 揭示主题。如:"我的未来不是梦"、"愿君敢为天下先"、"莫让年华付水流"。
- 提出问题。如:"人生的价值在哪里"、"失败,意味着什么"、"当你被误解的时候"。
- 划定范围。如:"大学生的认为"、"妈妈的眼睛"、"青年的选择与祖国的未来"。
- 使用正副题目。正题目可以采用揭示主题、提出问题或划定范围的方法确定;副题目一般是用来作补充说明的,如:"在……的演讲"等。

 演练与提高 4-1

分析以下三篇演讲的题目,请指出这些题目分别有什么问题:
《祖国儿女在为中华腾飞而拼搏》、《我自信》、《我对文明之管窥》

_____

_____

(二)拟稿

1. 演讲稿的格式

① 标题:标题应醒目、有吸引力。

② 称谓:称谓要得体,要能兼顾在场的每一个人。称呼得体,体现对观众的尊重。

③ 正文:正文又包括了开头、主体和结尾。开头的作用是提出论题或摆出论点;主体通过

口语交际能力训练

摆事实,讲道理,层次清晰地展开论述。要求事例典型,有说服力。感情真挚,结构安排张弛有致,跌宕起伏;结尾总结全文,使听众对全部内容能有一个清晰、完整的印象。

④ 署名和日期。

2. 演讲稿的结构

演讲稿的结构安排与写文章一样,开头要漂亮,中间要丰满,结尾要干净利落。

(1) 开头要巧妙,能吸引观众,激发兴趣,俗称"凤头"。

演讲开头成败的关键在于能否吸引并集中听众的注意力,而获取注意力的方式要随题材、听众和场景的不同而改变。下面介绍几种演讲中常用的开头方式:

① 提问式开头:是指演讲者在表述中心观点之前先提出问题,一方面激发听众的兴趣和求知欲,另一方面为中心观点的提出做好铺垫。用提问式开头可以激发听众兴趣,集中听众注意力;可以作为一个恰当的过渡,便于导入话题;可以制造悬念;可以从听众的答案中自然地切入话题;便于争取时间,整理思路。当然,演讲者以提问的方式开头,还要注意把握好以下要点:

A. 尽量避免提出开放式问题,多采用封闭式问题。因为封闭式问题的答案是被限定好的,只能在"是"与"否"之间选择,演讲者比较容易掌控;

B. 提问应尽量简单,避免过于专业化。提问的目的之一是互动,过于深奥的问题反而会让听众哑口无言,也会拉开听众与演讲者之间的心理距离;

C. 提问内容要与中心观点相关。如果问题不能为体现中心观点服务,那就变成了一味的哗众取宠。

📖 案例与启发 4 - 1

  一位著名的演说家在一次演讲开始后,没讲一句开场白,举起一张 20 美元的钞票,面对下面的 200 个人,问道:"谁要这 20 美元?"

  一只只手举了起来。

  他接着说:"我打算把这 20 美元送给你们中的一位,但在这之前,请允许我做一件事。"说着就将钞票揉成一团,然后问:"谁还要?"

  仍有人举起手来。

  他又说:"那么,假如我这样做又会怎样呢?"他把钞票扔到地上,并且用脚踩碾它。而后他拾起钞票,钞票已变得又脏又皱。

  "现在谁还要?"

  还是有人举起手来。

  "朋友们,你们已经上了一堂很有意义的课。无论我如何对待这张钞票,你们还是想要它,因为它并没贬值,它依旧值 20 美元。人生路上,我们会无数次被自己的决定或碰到的逆境击倒、欺凌甚至被碾得粉身碎骨,我们觉得自己似乎变得一文不值。但无论发生了什么,或将要发生什么,在上帝的眼中,你们永远不会丧失价值。在他看来,肮脏或洁净,衣着整齐或不整齐,你们依然是无价之宝。生命的价值不依赖我们的所作所为,也不仰仗我们结交的人物,而是取决于我们本身！你们每个人都是独特的——请永远不要忘记这一点！"

此案例通过提问引出的论点是什么？上述问答能否引出不同的论点？

_____

_____

② 故事式开头:是指用童话、寓言、成语故事、历史故事、人物故事、新闻故事、笑话等开头,以便激发听众的好奇心、启迪听众思维、调动起听众的情绪。

案例与启发 4－2

英国女王伊丽莎白二世来华访问时,曾以故事展开了她在欢迎宴会上的祝酒词:"约390年前,我的先辈,伊丽莎白一世女王,曾写信给万历皇帝,希望发展英中通商。使者遇到不幸,这封信始终没有送到。幸而,自从1607年以来,邮政进步了。您发给我们的邀请,我们安全地收到了,我极其荣幸地接受了这个邀请。"

演讲用故事式开头有哪些优势？

_____

_____

③ 开门见山式开头:是指用精练的语言交代演讲意图或主题,然后在主体部分展开论证和阐述。这是演讲常用的开头方式,适用于较正规、庄重的应用性演讲场合,它要求演讲者具有较好的概括能力。

思考与争鸣 4－5

开门见山是我们比较熟悉的开头方式,能否说说你们常见的开门见山开头的文章或演讲一般可以从哪些方面入手？

_____

_____

④ 抒情式开头:多用排比、比喻等修辞手法,诗歌化的语言意在渲染气氛、以情感人,从而使听众对演讲内容提起兴趣,更容易感受到演讲中形象生动的情感表达。

无论演讲者采用哪种方式开头,都要遵循短小精悍、风趣有益、随机应变这三个原则。

 演练与提高 4－2

请针对"天生我才必有用"的演讲主题设计开场白。

_____

_____

（2）主体应结构清晰、内容详实，俗称"猪肚"。

主体就是演讲稿的中心部分，要求条理分明，富于严密的逻辑性，充分体现演讲的说理性和感染性。常见的主体结构有以下几种：

① 平衡并列式。即从不同角度论述演讲中心，而这几个角度之间的关系是并列的。

② 正反对比式。论点之间、材料之间关系是对立的，形成强烈的对照，让听众能辨清论点的正确性。

③ 层层深入式。论点与演讲时的态度和观念要明确，无论赞成或反对、表扬或批评，都不能含糊其词、模棱两可。论点之间的论述是层层深入，由浅至深。重点一般放在最后部分。专题演讲（如：学术演讲、政治演讲）因篇幅较长，所以特别看重讲述的层次。

主体内容是演讲稿的主要部分，要丰富详实，富有吸引力，即"言之有物"。演讲者擅长景象描绘和举例，会使演讲内容更打动人心。一位拥有数百万观众的节目主持人皮耶曾向记者表示："根据我多年的经验，深切体会到唯有举例实证，才能使表达清晰明了、引人入胜、具有说服力。我的秘诀就是为证明我的重要论点而举出生动有力的实例。"在演讲中选择和处理所采用的实例时要注意以下几点：

① 选择自己亲身经历的事。

② 尽量使用真实姓名，将事实个性化。

③ 要素交代要清晰分明。时间、地点、人物、事件、事件的起因——只有将这些要素交代清楚，你的演讲才会给听众以具体、真实的感觉。

（3）结尾要有力，俗称"豹尾"。

结束语要收到"当如撞钟，清音有余"的效果。美国作家约翰·沃尔夫指出："演讲或培训最好在听众兴趣未尽时戛然而止。"戴尔·卡内基也说："最好在听众的笑声中说再见。"常见的结尾方式有：

① 概括式，就是用最精炼的语言将整个演讲的思想观点做一个揭示和总结，起到画龙点睛的作用，和开头首尾相呼应，前后一致，加强听众的理解和印象。

② 表态式，就是演讲者跟自己表态，或对听众、对演讲活动、对会议、对形势、对未来表态。表态所涉及的，一般只是与演讲活动有关的事物，而不是与演讲内容直接相关的事物。

③ 祈使式，是以向听众提出要求、希望、号召、祝愿的形式结束演讲。

④ 祝贺式，为了在结尾的时候活跃现场气氛，演讲者可以采用祝贺式结尾。祝贺式结尾充满了情感的力量，容易打动听众的内心，使其与演讲者产生共鸣。

⑤ 动作语言式，演讲者可使用动作语言式的结束语以及言语与动作语言结合的结束语。

在演讲中，好的结尾需要精心构思，反复锤炼，使之别具韵味，使你的演讲锦上添花，从而获得成功。

（三）形象设计

演讲者的形象要迎合听众，要与演讲内容及本人职业协调一致。健康、自信、得体的形象会为演讲增添光彩。

（四）心理准备

走上演讲台，面对观众，每个人多多少少都会产生紧张、怯场的心理，这就需要演讲者在演讲前做好心理准备。要相信自己，有了自信心才能在演讲时克服怯场心理，从容自若、思维敏捷、言语流利地发挥和表现。

四、演讲的应变技巧

1. 失误补救

讲话中说错话,如果不影响问题的表达,听众又听不出来,可不必去纠正。如果是关键性的问题,那就必须给予纠正。最好的办法是按照正确的思路再讲一遍,听众也就明白了。如:李燕杰在一次讲话中,由于失误,说错了一句关键性的话,话音未落,他便觉察到了,于是他就自问自答地说了一句:"这句话对吗? 当然不对。"然后他又按正确的说法说了一遍。这种及时的纠正,也反映了讲话者的应变能力。

2. 兴趣转换

当你在讲一个自己认为非常重要,而又需要详细讲述的问题时,突然发现一个你认为不需要细讲的小问题却引起听众的兴趣和关注。这时千万不要按计划讲,正确的做法是不回避听众感兴趣的问题,继续讲下去,这样再讲到原来的问题,听众的兴趣也容易持续下去。

3. 观察反应,调动积极性

在演讲中,或由于时间、环境的原因,或由于内容、方法的原因,讲话引不起听众的兴趣,会场上出现困倦、溜号、交头接耳,甚至"开小会"的局面。这时演讲者切不可一意孤行地讲下去,而要根据具体情况采取应急措施。比如,听众对你讲的某部分不感兴趣,那么你就当机立断压缩这部分内容。如果听众有些懒散,精神不集中了,你可以设置一些悬念,尝试激发听众的兴趣,调动听众的情绪;也可以用提问的方法,促使听众产生积极的思维活动,对你的讲话引起注意。

主题要点

1. 演讲是指演讲者在特定的时境中,借助有声语言(为主)和态势语言(为辅)的艺术手段,针对社会的现实和未来,面对广大听众发表意见、抒发情感,从而达到感召听众并促使其行为的一种现实的信息交流活动。

2. 演讲要素由演讲主体、演讲客体、演讲载体和演讲受体四个部分组成。

3. 准备命题演讲从四方面着手:一是选题,二是拟稿,三是形象设计,四是心理准备。

4. 演讲稿的结构安排与写文章一样,要凤头、猪肚、豹尾,即开头要漂亮,中间要丰满,结尾要干净利落。

5. 演讲的应变技巧:失误补救;兴趣转换;观察反应,调动积极性。

一周训练计划表

时间安排	训练内容	效果评估
星期一	分析自己的特长、知识结构、兴趣点,确定自己擅长演讲的主题	
星期二	通过访谈、问卷调查等方法了解班级同学感兴趣的话题,确定自己课前演讲的主题	

时间安排	训练内容	效果评估
星期三	给自己的演讲主题设计一个档案袋,收集相关的演讲资料	
星期四	编写一篇500～800字的主题演讲稿	
星期五	在公众场合进行主题演讲演练	

主题二　即兴演讲

> 无准备的演讲不是即兴演讲,那是信口开河、漫谈聊天。
>
> ——戴尔·卡内基

即兴演讲,又称即席演讲或即时演讲。相对于命题演讲而言,它是指演讲者在事先完全没有准备或没有充分准备的情况下,受特定情境和主体诱发而进行的当众讲话。

一场好的即兴演讲,由于内容上针对性强,且与听众交流色彩浓,一方面能让听众感受到宽松、自在的氛围,另一方面能树立起演讲者聪敏机智的良好形象。因此,在日益激烈的人才竞争中,即兴演讲越来越被推崇。擅长即兴演讲,已是当下人们一项不可或缺的职业技能。

案例与启发4-3

　　1976年1月8日,周恩来总理逝世时,设在美国纽约联合国总部门前的联合国旗降了半旗。这是自1945年联合国成立以来,第一次为一位国家领导人降半旗。一些国家感到不平了,他们的外交官聚集在联合国门前的广场上,言辞激愤地向联合国总部发出质疑:我们国家的元首去世,联合国的大旗升得那么高,为什么中国的总理去世却要为他下半旗呢?当时的联合国秘书长瓦尔德海姆站出来,在联合国大厦前的台阶上发表了一次极短的演讲,总共不过一分钟。

"女士们,先生们:

　　为了悼念周恩来,联合国下半旗,这是我个人的决定,原因有二:一是,中国是个文明古国,她的金银财宝不计其数,她使用的人民币多得我们数不过来。可是她的总理没有一分钱存款。二是,中国有九亿人口,占世界人口的四分之一,可是周总理没有一个自己的孩子。

　　你们其他国家的元首,如果能做到其中一条,那么在他逝世的日子,联合国总部将照样为他降半旗。谢谢!"

说完,他扫视了一下广场,而后转身返回秘书处。广场先是鸦雀无声,接着响起了雷鸣般的掌声……

一、即兴演讲的特征

(一)有感而发

演讲者往往是根据眼前的场面、情境、事物、人物有感而发,所以最能真实地体现演讲者的能力水平和个性修养。

(二)时境感强

时境感强即演讲者要能入乡随俗,"到什么山唱什么歌,见什么人说什么话",其演讲内容与时境紧密相关。

(三)篇幅短小

由于演讲通常是缘事而发,事先多无准备,所以具有不蔓不枝、言简意赅、寓繁于简的特征。

(四)以小见大

好的即兴演讲基本都是以点带面,从现象看本质,从小事中透出人生道理、生活哲理和社会真理。

思考与争鸣 4-6

即兴演讲的特征决定了即兴演讲者必须具备哪些素质?

二、即兴演讲快速构思训练

即兴演讲具有动因的触发性、准备的临时性、时间的短暂性等特点,要求演讲者在极短的时间内迅速展开思维,找到话题,形成较完整的腹稿,并立即从容地表达出来。因此,即兴演讲是一个快速地将内部语言转化为外部语言的过程。即兴演讲的实质,就是快速构思的过程。快速构思,包含了快速立意、快速选材、快速安排结构。

(一)快速立意

一般来说,即兴演讲大多是议论文式的,即围绕一个观点组织几则材料进行论证和说明,讲究一事一议,短小精悍。

常见即兴演讲中快速立意的方法有以下几种:

(1)从听众方面找话题:听众往往对自己和自己正在做的事情感兴趣,可以谈谈现场的听众,问问他们是谁,是做什么的,并由此展开来,发表与听众有密切联系的言论。

(2)由自身找话题:谈谈自己,讲讲最有切身体会的事,最有说服力。

(3)从境况中找话题:可以从所处环境及现场氛围说起。

（4）以具有象征意义的事物为题：例如，文艺作品中，常以松柏象征坚贞不屈的英雄气概，梅花象征刚强不屈的意志。当涉及相关事件及人时，便可用来引为话题。

选择话题除了看人之外，还要看场合。会话是在一定场合、情境之中进行的，话题应当同场合、情境协调，不协调的话题不但大煞风景，而且还有可能损害人际关系。

 案例与启发4-4

一位秀才，有一个独生女儿。他开了一家书院，要在三个优秀学生中挑选一个作为自己的女婿。这天，他准备了一桌酒席，请三个学生到府上，由女儿出题自己考，题目是：用"糊糊涂涂"、"清清楚楚"、"容易的容易"、"难上的难"填句组成四句短文，且将这四个词放在每句的后面。

张三看着窗外纷纷扬扬的雪花，触景生情："雪在天上糊糊涂涂，落在地上清清楚楚，把雪变水容易的容易，要把水变成雪难上的难。"

李四看见客厅的字画也顺口吟诵："墨在砚池中糊糊涂涂，写在纸上清清楚楚，要把墨变成字容易的容易，要把字变成墨难上的难。"

王二酒足饭饱，慢慢吟来："这桌佳肴美酒弄得我糊糊涂涂，可我心里清清楚楚，小姐选我容易的容易，我选小姐难上的难。"

如果你是秀才，你会选谁做女婿？为什么？

（二）快速选材

确立主题后，就要围绕主题精心组织材料进行论证。即兴演讲抓取材料主要有两种方法：

一是平时的知识积累。这就要求平日里有意识地从生活中收集素材，对当今国内外发生的重大政治、经济、文化、科技等领域的事件和人物等有关情况了如指掌，并进行深入思考和理性剖析；同时，要广泛阅读，多收集历史资料，熟悉重要的历史事件和历史人物。此外，多记名人名言、俗语谚语、经典文学、时文政评等，在即兴演讲中不失时机地引经据典，可使演讲亮点大增。

二是抓住眼前的人和事。从现场中找出是你感触颇深的某一点，再加以引申、扩展，就可以使其成为一个很好的演讲材料。"缘事而发，触景生情"，或事，或人，或情，或景都可以成为我们借题发挥的对象。

在即兴演讲时，恰当地利用当时当地的某些场景、事物来阐述题意，既可使演讲变得生动形象，又可达到深化主题的作用，使听众更容易理解演讲者所要传达的信息，更容易体会到演讲者的心情，产生共鸣。无论用人还是用物，恰当的话题材料，是即兴演讲的点睛之笔，它应当是紧扣主题、有感而发的，切忌牵强附会，这会使演讲变得生硬且有矫揉造作之嫌。

话题材料应来自于人们对现实生活的真切感受，只有经过长期经验的积累，提高对事物、事理、意趣的感悟性，才能真正掌握快速选材的技巧。

（三）快速组织结构

在选好素材后，如何快速组合材料（即快速组织结构）是体现即兴演讲能力的主要因素之一，它要求演讲者在极短的时间内解决好"说什么"和"怎样说"这两个问题。常见的演讲结构有以下几种：

1. 三段论＋三点式

一般情况下，即兴演讲可以按照一定的框架模式来准备。常见的框架模式是三段式，即将讲话内容分成三段：开头、主体、结尾。演讲者可以从某一点讲起，慢慢地将话题展开，在确定将中心主旨表达出来后进行收尾。如此一来，整个结构就形成了"总—分—总"模式。

其次，将主体部分分成三点来讲，即"三点式"。"三点式"是一套快速地把一些理念整理出逻辑的技巧，可使文字表达方面清晰、有条理，同时组织性强。

表4-1　常用"三点式"阐述角度

角度	"三点式"例证
时间	如：过去、现在、未来；初期、中期、后期；第一个十年，第二个十年，第三个十年等
地点（方位）	如：大陆、香港、台湾；家中、公司、市场；上、中、下等。
人物	如：自己、对方、第三方；买方、卖方、中间人；上司、自己、下级等
其他方面	如：结果、因素、现象；生理、心理、情绪；准备、执行、检讨等

运用三段论＋三点式的结构开展演讲，有助于我们组织语言，避免思维混乱的情况发生。

2. 戴维·卡耐基的"魔术公式"

美国著名演讲理论家戴维·卡耐基曾经在芝加哥、洛杉矶、纽约邀请了一批教授和传播学的名流，经过深入地讨论研究，博采众家之长，总结了一种全新的演讲方法，即"魔术公式"，其要点如下：

① 尚未涉及演讲核心之前，先举一个具体的实例，把你想让听众知道的事透露出来。

② 再用明确的语言，叙述主旨、要点，将要让听众去思考和感受的事，明白地说出来。

③ 说明理由，进行分析，采取集中攻破的方式来处理。

卡耐基认为，这是"讲求速度的现代最佳演讲法。"长期的实践证明，这的确是一种能适应各类演讲的最佳方法，尤其适用于即席演讲。

3. 理查德的"结构精选模式"

美国公共演讲专家理查德认为，即兴演讲应要记住以下几句话，它是各个层次的提示信号：

① 喂，请注意！（开头就激起听众兴趣）

② 为什么要费口舌？（强调指出演讲的重要性）

③ 举例子。（用具体事例形象地将一个个论点印入听众的脑海里）

④ 怎么办？（具体讲清楚大家该做些什么）

这些构成了整篇演讲框架，同时又是演讲者思路的提示。

4. 逆向思维模式

一般来说，演讲都很讲究开头，即所谓"响开头，趣主体，淡结尾"。然而即兴演讲有一定的特殊性，尤其是毫无准备的即兴演讲，当演讲者突然站起来的时候，气氛一般都比较热烈，听众的情绪正处于"热点"中，如果这时候演讲的开头也很响亮，以"热点"对"热点"，反而热不起来，而且很难坚持下去。有经验的演讲者，常常利用听众的这个"热点"，首先不去考虑开头，而去考虑一个响亮的结尾，形成逆向思维，对开头做冷处理。整个演讲呈现出一个"淡开头，趣主

口语交际能力训练

体，响结尾"的格局。听众的情绪由热转冷，又渐渐升温，最后呈现出热烈的气氛，从而获得完美的结果。

5. 连缀法

先确定几个基本观点，按照各点之间的内在联系，或并列连缀，或纵横连缀，或对比连缀。这种演讲方式逻辑严密，重点突出，而且还能产生一定的气势。

以上几种仅仅是常见的、有效的几种即席演讲的方法或技巧。实际演讲中，可以用到的方法和形式更为丰富多样，值得我们去不断发现，不断总结。

三、即兴演讲的语言要求

即兴演讲多是在即兴的场合下进行的，这时几乎没有人乐意听长篇大论，因此必须短小精悍。同时，根据听众的知识结构和文化修养，选用不同风格的语言。对一般群众的演讲应尽量使用朴素的、生活化的语言，这就要求演讲者要善于学习、吸收人民群众中生动活泼、受欢迎的语言，吸收外国语言中有益的成分，学习古人语言中有生命的东西，恰当运用排比、反复、夸张、反问、比喻、拟人等修辞手法。

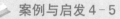 案例与启发4-5

罗斯福1941年12月9日在对日宣战后向全国广播的《炉边谈话》：

"10年前，在1931年，日本入侵中国满洲——未加警告。

在1935年，意大利入侵阿比西尼亚——未加警告。

在1938年，希特勒占领奥地利——未加警告。

在1939年，希特勒入侵捷克斯洛伐克——未加警告。

同样，在1939年，希特勒入侵波兰——未加警告。

在1940年，希特勒入侵挪威、丹麦、荷兰、比利时和卢森堡——未加警告。

在1940年，意大利先后进攻法国和希腊——未加警告。

而今年，1941年，轴心国家进攻南斯拉夫和希腊，控制了巴尔干——未加警告。

还是1941年，希特勒入侵苏联——未加警告。

而现在日本进攻了马来亚和泰国以及美国——未加警告。"

随着演讲与口才艺术的普及与提高，我们相信，只要充分重视综合素质教育，改善语言表达技巧，提高思维品质，我们的即兴演讲水平将会获得空前的提高，出口成章、妙语连珠、应对自如、令人喜悦的演讲将处处可见。

> **主题要点**
>
> 1. 即兴演讲的特征：有感而发，时境感强，篇幅短小，以小见大。
> 2. 快速构思，包含了快速立意，快速选材，快速安排结构。
> 3. 即兴演讲的语言技巧：短小精悍、因人而异。

口语交际能力训练

一周训练计划表

时间安排	训练内容	效果评估
星期一	要求自己每天在课堂上至少要能主动上台回答问题或发言一次	
星期二	把自己看到的新闻、故事、趣闻转述给你身边的伙伴听,并观察他们的反应	
星期三	请同学随机写几个词语,你从中抽出一个词语现场组织一段话	
星期四	尝试在没有准备的情况下站起来说话	
星期五	争取参加一次陌生人的聚会,并用最佳的自我介绍方式让别人迅速记住你	

口语交际能力训练

第五章　辩论与主持

主题一　辩论

> "思维的批判性习惯要成为社会的常规,必须遍及其所有风俗,因为它是对付生活难题的一个好方法。"
>
> ——萨姆纳(社会学家)

凡是有人群的地方,人们要认识各种事物并获得认同或对其予以取舍,必然要选择某种方式来进行,一般来说,最佳的方式就是辩论。世间万事,矛盾冲突无时不有、无处不在,因此也就经常伴随着辩论行为。

一、辩论概述

(一)辩论的定义

辩论也称论辩,是指意见相悖的双方或多方围绕一个或几个问题展开争辩,以确立自己的观点、驳斥对方的观点的一种口语交流形式。在民间,人们通常把辩论叫做"抬杠",把进行辩论叫"理论理论"。

思考与争鸣 5-1

墨子说:"夫辩者,将以明是非之分,审治乱之纪,明同异之处,察名实之理,处利害,决嫌疑。"按照墨子的精辟见解,谈谈现实生活中你所接触到的辩论案例并讨论辩论有什么作用。

_____

_____

_____

(二)辩论的分类

辩论按内容大致可分为三类:

① 赛场辩论:是有组织的,按一定规则、一定程序所开展的竞赛活动。

② 日常辩论:这是由日常生活中、工作中的矛盾引起的人与人之间的争辩,如:邻里争辩、同事间争辩、上下级争辩等。

③ 专题辩论:比如决策辩论、法庭辩论、外交辩论、谈判辩论、竞选辩论、论文答辩等。

无论哪种辩论,论辩双方都有各自明确的立场和主张,辩论的目的是为了说服对方接受自己的观点或争取第三者支持自己的观点。与此同时,自己也要有被对方说服或作出妥协的心理准备。

这里我们着重介绍赛场辩论和日常辩论。

二、赛场辩论

（一）赛场辩论的特点

赛场辩论是指参赛双方围绕辩论主题，从正反两个方面进行辩论，最终决出胜负的一种比赛。

首先，赛场辩论属于竞技比赛。参赛双方以赢得比赛而非说服对方为最终目的。

其次，赛场辩论有较为固定的比赛流程和规则。辩论赛不仅规定了比赛环节、比赛人员组成等，还确定了正反双方辩手发言的次序以及严格的发言时间，如果有多支参赛队参加则会实行淘汰赛制，要经过初赛、半决赛、决赛，最终决出优胜者。

再次，辩论主体具有被动性。一方面，辩题是由主办方事先规定的，辩论主体只能被动接受，并经过一段时间准备；另一方面，辩题确定之后，经过抽签决定正方和反方，也并不征求选手意见，选手要根据指定的观点准备比赛。

（二）赛场辩论的要点

赛场辩论一般包括析题立论、有攻有守、结辩陈词三个方面。

1. 析题立论

析题立论就是对辩题进行分析判断，理出我方的逻辑思路，辩题有利于我方的攻击点、关键点，以及辩论过程双方争论的焦点（即交锋点）。

 演练与提高 5-1

请作为正方辩手，为辩题"演艺明星的演技比德行更重要"进行析题立论。

_____

_____

2. 有攻有守

要想进击有力，攻打制胜，必须注意两个问题：一是抓住实质问题，二是抓住对方薄弱点穷追猛打（薄弱点一般有三种情况：与事实不符，论据不足以证明论点，不能有效地维护己方立场；语言上的破绽，情急之下的口误；具体论证上、逻辑上的破绽）。

 演练与提高 5-2

作为正方辩手，为辩题"演艺明星的演技比德行更重要"找到己方的进攻点。

_____

_____

辩论赛上的所谓防守，其最根本的办法就是使自己讲的内容正确、严密，无懈可击。为此，要从论点、论据两方面入手：论点要明确，具有真理性；论据要真实、充分、典型。

演练与提高 5 - 3

作为正方辩手,为辩题"演艺明星的演技比德行更重要"找到己方的防守点。

_____

_____

3. 结辩陈词

结辩陈词时,整场辩论进入最高潮,结辩成功与否关系到整场辩论赛的最终胜负。

结辩的任务:首先对己方观点作最后总结;其次解决辩论过程中的遗留问题;最后向对方进行"致命"的攻击。

 演练与提高 5 - 4

作为正方辩手,为辩题"演艺明星的演技比德行更重要"作出结辩陈词。

_____

_____

三、日常辩论

(一)日常辩论的目的

日常生活中人们因不同观点而引起的言语交锋,辩论的双方或多方通过交换不同观点以更好地了解对方的立场和观点,求同存异,进而统一认识,实现人际沟通。日常辩论的目的不同于赛场辩论,它以软化对立为目的,在日常辩论中,通常不是一方被另一方说服,而是双方都被道理说服。

(二)日常辩论软化对立的技巧

我们知道,辩论赛的论辩并不需要说服对方,而只需要说服评委与听众。只要评委与听众被说服,辩论方也就胜利了。而日常辩论则不一样,它不仅要求说服对方而且要求自己做好被说服的准备。可以这样说,在辩论中,只有双方都讲道理,找到真正的对立点,才能够真正地软化对立。

因此,日常辩论的要求是:力求让道理去说服双方。要做到这一点,就必须讲清自己的立场,听清对方的立场,将双方的立场辨析清楚,并在可能的情况下巧妙地改变自己的立场。

1. 自己的立场要讲清楚

 案例与启发 5 - 1

小刘和浙江的小杨是好朋友,零花钱经常一块儿花。一次,两人想吃榨菜,小刘于是买了一袋四川榨菜回来。小杨很不乐意:"你怎么不买浙江榨菜?"小刘:"浙江榨菜的味道哪能有四川榨菜纯正呢?"小杨:"你真不会吃。浙江榨菜的味道才叫纯正呢!"小刘:"我不会吃？我是吃榨菜长大的,吃了几十年,恐怕是你不会吃吧。"

两人为什么会产生争执?

_____

_____

2. 对方的立场要听清楚

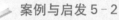
案例与启发 5-2

奥运会足球预选赛的中国对巴林一役中,李金羽虽然射进两球让中国以 2：1 获胜了,但比赛中他却失去了两个单刀球的机会,让中国队的净胜球难以超过韩国队。经常看足球的小王与经常踢足球的小李展开争辩。

小王:"李金羽不行,中国前锋不行。"

小李:"李金羽不行? 你上去试试看。没踢过球就不要乱讲。"

小王:"没踢过球,难道我还没看过球吗?"

在关于"李金羽球技究竟行不行"的这次争辩中,双方的立场一致吗? 我们可以从中获得什么启发?

_____

_____

除了理解对方所说的话的真实意思之外,还要注意不能贸然替对方下判断。与对方肯定的话相对的判断,对方不一定会否定它;与对方否定的话相对的判断,对方不一定会肯定它。因为相对判断并非就是相反判断。

3. 不要任意放大对方的话

任意放大对方的结论,使之变得荒谬可笑,这是赛场辩论的常用技巧。日常辩论要求用道理说服双方,而非一方战胜另一方,所以这样做就不妥了。

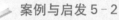
案例与启发 5-3

甲乙二人买完体育彩票后,甲说:"发行体育彩票好。可以为体育事业筹集大量资金。"乙说:"我看不好,这是在助长群众的赌博心理。"甲:"毕竟目的不同嘛。买彩票是为体育事业做贡献,哪能等同于赌博?"乙:"既然发行彩票可以集资,是不是要发行航空母舰彩票,登月彩票? 是不是我家修房子缺钱,也来发行彩票呢?"……

在这场辩论中,乙的说法恰当吗? 试具体分析一下。

_____

_____

4. 双方的立场要辨析清楚

通过讲明自己的立场,听清对方的立场,从而对双方观点和优劣得失有个清楚的了解,明

口语交际能力训练

白真正的对立点。

5. 巧妙地改变自己的立场

（1）把自己的观点归结到对方的观点中去，让双方的立场都得到改变。

 演练与提高5-5

　　某公司市场部经理与开发部经理为一种新产品的开发论辩起来。市场部经理认为：在开发一种新产品之前，应先作详细的市场调查，看看消费者有没有相关需求。开发部经理则认为：新产品的开发必须保密，让顾客和同业竞争对手都感到神秘才好。

　　如果你是市场部经理，你该如何改造自己的立场，从而软化对立？

_____

_____

（2）把对方的观点归结到自己的观点中来，以引导对方。

 演练与提高5-6

　　目前在校生近视眼发病率很高，医生A认为近视眼大多是由看书时间过长、看书姿势不正确等不卫生的用眼习惯引起的，主要是个习惯问题，医生B则认为是学校没有加强用眼卫生教育，主要是个教育问题。

　　假设你是医生B，你该如何引导对方认同自己的观点？

_____

_____

6. 识破诡辩，有效反驳

　　诡辩，说白了就是强词夺理。生活中我们常常发现，有些人"能言善辩"，有些话即使明知他说的不对，却往往不知该如何反驳，这些人常常用到的就是诡辩术。

　　驳斥诡辩的基本方法有以下几种：

　　① 偷换概念，是诡辩者惯用的手段，只要我们概念明晰，能正确地解释概念，明确其内涵与外延，就能暴露诡辩者的弱点。

 演练与提高5-7

　　历史课堂上王刚在睡觉，老师提问他："你怎么认识孙中山？"王刚故意捣乱："我不认识他。"同学们哄堂大笑。请问你如何帮老师解围？

_____

_____

② 在辩论中,当对方以偏概全、轻率概括,推论出了某个伪命题时,只要列举出与之相反的具体事例,即可将对方驳倒。

案例与启发 5 - 4

　　我国古代没有照相技术,所以科举考试时,为了避免冒名顶替,考生必须填写清楚自己的外貌特征,考官才能在考堂上查对。相传在明朝时,有个考生填写自己的面貌特征时,其中有一项写了"微须"。考官巡堂时看到这个考生脸部有一点胡须,便怒道:"你冒名顶替,考单上明明写着没有胡须嘛!"考生十分诧异,申辩道:"我明明写着有一点点胡须,怎么就没有了呢?"考官说:"'微'即没有。范仲淹《岳阳楼记》有'微斯人吾谁与归',说的就是没有先天下之忧而忧、后天下之乐而乐的人,我跟谁一道呢?"

　　假如你是这位考生,你该如何反驳?

_____

_____

③ 辩论时抓住诡辩者与事实相悖的破绽,拿出事实,就能暴露其观点的荒谬。

演练与提高 5 - 8

　　马铁丁曾批评一个骄傲的人:"平时要注意群众关系,团结群众,争取群众的支持,以做出更大的成绩。"这个人却不这样认为,他辩解道:"只有羊呀,小猪呀,才是成群结队的,狮子、老虎都是独来独往的。"马铁丁反驳道:"_____

_____"

④ 在论辩中,以毒攻毒也是制服机械类比、以偏概全、无关推论等诡辩的有效手段。

案例与启发 5 - 5

　　一个小男孩在面包店里买了一个面包,发现面包比平时小得多,于是对老板说:"这个面包怎么这么小啊?""哦,这样你拿起来就方便了。"小男孩没有争辩,留下一点钱就要离开,老板赶紧大声喝住他:"嘿!你没给足钱啊!""哦!不要紧,"小男孩说,"这样,你收起钱来就方便了。"

⑤ 在辩论中也可以先顺承其意,抓住关键点加以反问,从而达到驳斥目的。

口语交际能力训练

演练与提高 5-9

　　小王经常知错不改、我行我素,朋友劝他:"小王,你不能这样啊! 我们都是年轻人,应当争口气,为什么总要让别人说呢?"小王说:"走自己的路,让别人去说吧!"对于小王这样的诡辩,我们该如何驳斥?

_____

_____

　　总而言之,辩论是语言艺术的最高表现形式。辩论者的目的就是要将自己的思想用语言完美地表达出来。辩论不应是导致争斗的序曲,而应是接近真理的引导。辩论是一个厚积而薄发的过程,而不能只是脱离知识背景的"空辩"。通过辩论的学习,我们可以锻炼和提高口语表达和快速的思维方式,并使自己的逻辑思维更加严谨。

主题要点

　　1. 辩论也称论辩,是指意见相悖的双方或多方围绕一个或几个问题展开争辩,以确立自己的观点、驳斥对方的观点的一种口语交流形式。

　　2. 赛场辩论往往不问论辩者本人的立场和主张,而侧重于人们的论辩技巧;而日常辩论以软化对立为目的,求同存异,进而统一认识,实现人际沟通。

　　3. 日常论辩为了软化对立,就必须讲清自己的立场,听清对方的立场,将双方的立场辩析清楚,并在可能的情况下巧妙地改变自己的立场。同时,只有识破对方的诡辩,才能进行有效反驳。

　　4. 驳斥诡辩的常用方法有:澄清概念,明确其内涵与外延;列举出与之相反的具体事例;抓住诡辩者与事实相悖的破绽,拿出事实;以毒攻毒;先顺承其意,抓住关键点加以反问。

一周训练计划表

时间安排	训练内容	效果评估
星期一	观看电视辩论比赛,记录选手们的精彩表现,体会辩论的特点和技巧	
星期二	与他人交流对辩论的认识及自身的努力方向	
星期三	尝试围绕一个辩论话题,尽量说服对方,从而锻炼自己的逻辑推理能力	
星期四	寻找诡辩案例,并与同学交流该论述犯了怎样的逻辑错误	
星期五	思考在日常生活中曾经与他人所起的争论,判断哪些是可以软化对立的,并与同学进行交流	

主题二　主持

《现代汉语词典》中对"主持"一词的解释为:"负责掌握和处理"。提到主持人,人们立刻会想到广播电视等媒体上的节目主持人,事实上,现实生活中主持人的身影无处不在——在企业的早会上,主持人带领员工一起高呼口号,激发大家工作热情;在会议的进行中,主持人统筹各个环节,积极达成会议目标;在活动现场(如:班会、聚会等)主持人巧妙地将节目串联起来,促使活动圆满成功……由此可见,主持人就是沟通活动与受众的媒介。

一、常规主持环节

主持人起着串联内容、控制场面、沟通观众、渲染气氛的重要作用。主持人不论主持哪种类型、形式或是场面的活动,都包含了开场、串词、结尾这三种常规主持环节。

(一) 开场

开场是一次活动、一场晚会的开头,良好的开场白,对于主持人十分重要,它可以确定基调、营造气氛、表明主旨、沟通感情,使全场的情绪高涨起来、注意力集中起来,形成一种全场和鸣共振的态势,从而保证活动的顺利开展。

📖 **案例与启发 5-6**

以下是某中学校园文化艺术节的开幕词:

男:尊敬的各位领导、各位老师,

女:亲爱的同学们,

合:大家下午好!

女:迎着太阳,我们铺开七彩的画卷,

男:走向未来,我们书写豪迈的誓言。

女:蓝天当纸,海水为墨,写不完我们心中的诗篇,

男:群峰放声,大江展喉,唱不尽我们永恒的赞歌。

女:让每句话变成一声洪钟,激荡在实验中学学子的耳畔,

男:让每首歌化作一捧鲜花,装点在校园文化绚丽的长廊。

女:××中学第八届校园文化艺术节开幕式现在开始!

主持人的开场白重要吗?从案例中可看出一般主持开场白包括哪些内容?如何做好开场白?

演练与提高 5-10

作为企业年终尾牙宴会的主持人,请你设计一段与宴会主题相对应的开场白,并进行模拟演示。

_____

_____

(二) 串词

串词是指贯穿在整场活动的语言脉络。它穿插在节目之间,起着承上启下、调节气氛以及增加氛围的作用,好的串词能为活动或者晚会锦上添花。

 案例与启发 5-7

某中学校园文化艺术节的串词:

男:××,你知道"莠言"是什么意思吗?

女:不知道,同学们知道吗?

男:莠言,原意是不好的语言,现多指逆耳的忠言。就像敬爱的老师会对我们说:"孩子,你们身上有懒惰的缺点。"负责任的课代表会对同学说:"你今天的作业不认真,我不收。"

女:这些莠言,像萤火虫的光亮,为我们带来一生受之不尽的财富。请欣赏由胡严方等为我们带来的情景剧《莠言之辉》。

从案例中我们可以看出,主持一场活动,一般来说串词有怎样的语言特征?

_____

_____

 演练与提高 5-11

班级的元旦晚会有以下几个节目:舞蹈《睫毛弯弯》、独唱《专属天使》、小品《招聘》和独唱《铿锵玫瑰》,请你为这几个节目撰写串词并模拟主持。

_____

_____

(三) 结尾

俗语说:"编筐织篓,最难收口。"节目渐入尾声,作为一名合格的主持人,结尾也是要讲究技巧的,切忌草率急躁、匆匆收场,要巧于收尾,再掀高潮。

好的结尾要与开场白遥相呼应,强调主题,必要时可以对整场活动的精彩与亮点加以肯定,可以赞颂美好的今宵及充满灿烂的明天,可以祝愿主办单位及个人,可以感谢领导及团队……总之,要让此次活动给人留下深深的回味。

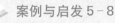

案例与启发5-8

男:艺术节的时间虽然短暂,但艺术的空间却是无限的。

女:让我们将参加艺术节的热情转化为学习的动力,

男:用知识开启理想之门,用才干塑造艺术人生。

合:××中学第八届校园文化艺术节开幕式到此结束!感谢校领导的大力支持,感谢同学们的踊跃参与!老师们,同学们,再见!

想一想,一般而言,主持节目或活动时还有哪些结尾方法?

演练与提高5-12

学校要在全校范围内召开辩论赛,请为此次比赛的结尾设计一段主持词。

二、主持技巧概述

(一)主持的语言表达技巧

1. 口齿清楚,表达流畅

这是主持最基本的要求。主持人一方面要具有优秀的普通话功底,不能出现错误的读音和方言,另一方面语言表达要如行云流水,一气呵成,才能让观众有信服之感。所以,主持人一定要勤于锻炼自己语言和语流上的基本功,要加强吐字归音的基本功训练,把话说好、说通、说顺。

2. 要抑扬顿挫,富有感染力

主持人与受众的交流主要是一种情感上的沟通与交流,通过自己的语言、目光、手势、姿态等与受众进行交流,其中尤以语言为重,所以主持人的语言一定要富有感染力,把话说巧、说妙,才能吸引和打动受众。

要使语言富有感染力,首先语言要平实自然,让观众听起来是发自肺腑之言。在此基础上,根据当时氛围的语言表达需要,适当运用夸张、含蓄等表达方式,同时还要注意掌握一些语言表达上的技能,如:节奏、语气、重音、停顿等,确保语言能够抑扬顿挫,让观众沉浸其中。

演练与提高 5-13

请尝试主持介绍 2012 年"感动中国"代表人物何东旭、陈及时、方招的事迹,比较一下谁的介绍最为清晰流畅,最有感染力,打动人心?

何东旭、陈及时、方招事迹如下:

2009 年 10 月 24 日长江大学三位大学生为了救人,最后体力不支消失在湍急的江水中,献出了自己年仅 19 岁的宝贵生命。名人坊颁奖词:为了别人的生命,牺牲了自己年轻的生命。作为大学生,他们对生命的那份理解和担当,不能不让我们为之动容。尽管社会上有很多人批评 90 后"脑残",可这三位均是出生在上世纪 90 年代的大学生,他们用自己的实际行动向这个社会证明了他们的人生价值。

3. 口语化,具有亲和力

口语本身具有亲切生动、通俗平易的优点,这也是书面语言不可比拟的优势。因此主持人不能照本宣科,而应该在主持节目之前充分理解节目文字稿的意图,并将其转化为通俗易懂的口语,以拉近与观众的距离。

 案例与启发 5-9

毕福剑的主持风格是朴实自然、风趣幽默。他的主持总能给人留下很深的印象。毕福剑曾说过:"大家说我有亲和力,可能是因为我长得跟老百姓一样,不是那种标准的'帅哥'。而且我平时说话什么样,在台上还是什么样,无论是准备好的台词还是即兴台词,都用口语化的形式来表达,这样就把和观众的距离拉近了。"

4. 个性化,具有鲜明性

主持人的个性和节目的风格是息息相关的。不同的节目要求主持人具有不同的个性,主持人的个性对于节目风格往往可以起到烘托的作用。中央电视台有 300 多位主持人,但真正为大家认可、熟知的却屈指可数,这些家喻户晓的"名嘴"们,无一例外都有其鲜明的主持个性:人们会因幽默而记住崔永元,因亲切而记住王小丫,因质朴而记住毕福剑——正是他们独特个性化的语言,避免了千篇一律的主持模式,使媒介传播充满魅力。

 演练与提高 5-14

《面对面》和《鲁豫有约》同为访谈节目,同样备受观众的欢迎,而主持人王志与陈鲁豫却是两种截然不同的风格。观看节目,比较一下你更喜欢谁的主持风格?为什么?

（二）主持的临场应变技巧

临场应变和即兴发挥能力是主持技巧中关键的一环。"主持人"一词在英语里写作"host"，同时也有"做东，做主"之意。可见主持人要能起到一个主要控制的作用，一旦发生什么意外情况都要第一时间解决问题，保证活动顺利进行下去。

现场主持节目时，遇到意外情况时到底该怎么办呢？下面介绍的就是一些常用的应变技巧。

一种是将错就错，这里的"错"的发生有两种可能：一种是发生在主持人自己身上，像是突发走位意外（如：在台上摔倒、脚底打滑）等尴尬场景，或不小心说错台词；还有一种是发生在其他人身上的意外，比如灯光、音响发生故障或同台的人遭遇尴尬等。这时，如何将错就错，化不利为有利，足以考验一个人的主持功力。

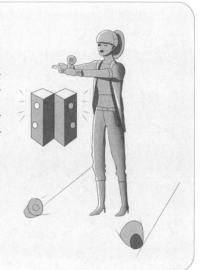

案例与启发 5-10

某届上海艺术节的音乐会现场，当法国著名歌星多罗黛正款款走向舞台中央时，音响设备却不知何故"哐"地轰天一响，多罗黛以特有的幽默举起双手比了一个射击的手势，曹可凡灵机一动，当即发挥道："多罗黛小姐，刚才是上海观众对您的到来表示欢迎，鸣礼炮一响。"话音刚落，全场一片掌声，一场尴尬轻松化解。

 演练与提高 5-15

在主持现场，如果出现下列情景，你打算如何化解？
1. 话筒突然没有声音了；2. 介绍嘉宾时发现有位嘉宾未到现场。

_____

_____

三、主持素养的培养

对于主持经验尚浅甚至全无主持经验的我们来说，担任主持人其实并非我们想象中那样遥不可及，只要从现在开始，有意识地培养成为一名合格主持人所需具备的素质，就一定能有所收获。

（一）充分准备，建立自信心

首先需要树立强烈的自信心，自信来源于对工作的责任感，更源于主持前的扎实准备。

口语交际能力训练

案例与启发 5-11

　　老师交代小李主持下周的"学雷锋"主题班会。小李接到任务后，不仅上网查找有关雷锋的生平事迹资料，参考其他班会的主持环节，更是提前拟定了一份主持稿，让全班同学帮忙提意见、酬节目。由于准备充分，班会当天，小李自信满满，活动开展得十分精彩。

　　你认为我们可以从哪方面做主持前的准备工作？你从小李身上学到了什么？

_____

_____

（二）增加认知，丰富主持内容

　　这里所讲的"认知"，一方面来源于人生阅历和生活经验，另一方面来自文化知识的积累。作为学生，我们的人生阅历尚浅，因而更需要我们关注平时生活点滴，正所谓"处处留心皆学问"；同时，要注重文化知识的积累，文化水平深厚的主持人总是能较好地掌控主持现场，引导话题，使自己的主持内容丰富、形象生动、观点鲜明。

案例与启发 5-12

　　有一次，袁鸣在海南主持庆祝狮子楼京剧团成立文艺晚会时，望文生义地把一位"南新燕"先生误说成了"南小姐"，当这位南新燕先生走上舞台时台下顿时嘘声一片。袁鸣赶忙说道："哎呀，非常抱歉！我望文生义了。不过你的名字让我想起了一句古诗：'旧时王谢堂前燕，飞入寻常百姓家。'这可真是一幅充满诗意的美妙图画啊！同样国粹京剧作为宫廷艺术一直盛演于北方，如今随着狮子楼京剧团的成立，古老的京剧艺术也首次飞过了琼州海峡到海南落户，这不也是一幅美妙的图画吗？"袁鸣所引用的两句古诗，不仅很好地将台下受众的注意力从她的失误上引到晚会主题上，更丰富了主持内容，使主持更加生动形象，彰显了自身深厚的文化底子。

　　你认为我们平时该如何积累知识提高自己的文化水平呢？

_____

_____

（三）锻炼口才，提高主持质量

　　主持人作为现场的掌控者，不应该把自己单单看成是个"报幕员"，而要善于引导话题，调节气氛。从一定意义上讲，主持人是提高节目质量的关键，口才的重要性对主持人是不言而喻的。提升口才最好的方法就是多练。

　　我们可以从以下三方面来锻炼口才。

1. 抓住每一次当众发言的机会

　　口才的提升是一个循序渐进的过程，要花费一定的时日，并非上台讲几次话就能成功，因此在日常的学习、生活、工作中，不要放过任何一次当众讲话的机会，如：回答老师提问、小组讨论，大会发言、交谈、辩论、参加演讲比赛等，充分利用这些机会锻炼自己。此外，也要尽量积极主动地和陌生人交流，锻炼自己的胆量。俗话说："操千曲而后知音，观千剑而后识器"，讲的就是通过持之以恒地实践,终能成才的道理。

2. 多进行模仿练习

模仿是锻炼口才的重要途径之一。模仿练习的方式有多种多样,如:找一个自己崇拜的主持人,尽量模仿其发言、语音语速、肢体动作等,然后去对着镜子,训练自己的眼神、表情、肢体语言;也可以把模仿的全程拍下来,通过回放看看自己哪儿手势没到位,哪儿表情不自然,声音如何,或者是否还有其他的缺点,有针对地进行改进。

3. 要重视写作能力的培养

主持人的语言表达,归根结底也是其思想的表达。写作可以锻炼一个人语言组织、谋篇布局的能力,还有认识生活、理解生活、评说生活的能力。实践经验告诉我们,写作能力的强弱也会直接影响到主持水平的高低。

总之,主持能力是一项综合性的能力,需要我们在日常生活中多留心、勤积累、敢动嘴,只有坚持不懈地多加练习,才会有收获。

主题要点

1. 常规主持环节一般包括开场、串词和结尾。

2. 主持技巧主要包括语言表达技巧和临场应变技巧。语言表达要求口齿清楚,表达流畅;抑扬顿挫,富有感染力;口语化,具有亲和力;个性化,具有鲜明性

3. 遇到主持现场的突发情况,可以将错就错,也可以调侃幽默,化解尴尬。

4. 个人的主持素养应从以下方面着手培养:充分准备,建立自信心;增加认知,丰富主持内容;锻炼口才,提高主持质量。

5. 提升口才最好的方法就是多练,要抓住每一次当众说话的机会,多进行模仿练习,同时还要重视写作能力的培养。

一周训练计划表

时间安排	训练内容	效果评估
星期一	通过朗读练习增加表达的感染力,并请大家进行点评	
星期二	准备一份新闻报道,用口语化的表达讲给大家听,做到语言真实、神态自然	
星期三	思考自己适合的主持风格是什么,并找到相同风格的代表人物,观看一期他的节目	
星期四	根据自身主持风格设计一个主持场景,撰写相应的开场、串词以及结束语	
星期五	进行现场模拟主持并请别人客观评价,找到日后努力的方向	

下 篇
职业语言能力训练

模块三　职场语言能力训练

第六章　求职应聘

主题一　应聘交谈概述

> 求职应聘需要的是一种双赢的局面。在这一过程中,求职者应该更多关注的,是用人单位的买点,而非自己的卖点。
>
> ——刘同(光线传媒集团事业部副总裁)

众所周知,招聘者虽然能从应聘者的简历中了解一些基本情况,但仅凭简历是不能做招聘决定的。现在的企业都大力提倡以人为本,人才的选拔也越来越讲究科学的方法和公平的原则。企业希望通过公开、公平、公正的选拔方式,选拔年轻有为或者经验丰富的人才。而面试作为招聘最后一道决定录用与否的程序,已经是不可或缺的了。而如何顺利通过面试获取职位也成了人们普遍关心的话题。

一、应聘交谈的定义

通常情况下,应聘交谈是指在特定场景下,经过精心设计,通过主考官与应试者双方面对面的观察、交谈等沟通方式,了解应试者素质特征、能力状况以及求职动机等的一种人员甄选方式。

由于是"在特定场景下",使得面试与日常的观察、考察等测评方式有所不同。日常的观察、考察,虽然也少不了面对面的观察、交谈,但那是在自然场景下进行的。应聘交谈与一般性面谈也有区别:一般性面谈强调的是面对面的直接交流和情感沟通的效果,并没有像应聘交谈一样要经过精心设计。此外,应聘交谈和其他素质评测也是有区别的,它还包括了口头语言的评测和非口头语言行为的综合分析、推理与判断。

有人把应聘交谈总结为"问"、"听"、"察"、"判"——"问"的是问题,"听"的是底气,"察"的是神态举止,"判"的是综合素质。所以说,面试是一个系统工程,主要考核的是应聘者的综合能力和潜力。

二、应聘交谈的特点

(一)应聘交谈以谈话和观察为主要工具

在应聘交谈过程中,主考官不断地提出各种问题,通过应聘者的回答有针对性地了解其某一方面情况或素质,同时不断观察应试者的面部表情以及身体语言,进而从表象推断其深层心理。

（二）应聘交谈是一个双向沟通的过程

主考官可以通过观察和谈话来评价应试者，应试者也可以通过主考官的行为来判断主考官的价值评判标准、态度偏好、对自己表现的满意度等，来调节自己的行为表现。同时，应试者也可以借此机会了解所应聘单位、职位的情况等，从而决定是否接受这一工作。

（三）应聘交谈内容灵活，有主观随意性

由于应聘者的个人经历、背景等情况不同，所应聘的工作岗位不同，应聘交谈过程中的表现不同，因此应聘交谈没有固定的考察内容和考察形式，而是因人而异，根据不同的应聘者选择不同的问题及考察角度。同时由于企业的用人标准不同，考察的侧重点也不同，因此没有所谓的客观标准答案，因而主考官的决定也具有主观随意性。

三、应聘交谈的原则

（一）自信原则——避免过度紧张

自信是有效沟通的基础。面试时如果能够以平等自信的心态对待面试官，就能够避免紧张情绪，容易营造融洽和谐的氛围，有助于更好的展示自己。

（二）两分钟秀出自己原则——尽量展示优势

一位研究公共关系学的教授曾这样说过："每个人都要向孔雀学习，两分钟就让整个世界记住自己的美。"面试的时候，面试官所有的问题总结起来只有一个问题：我们为什么要雇用你？你也永远只有一个答案：我就是你要找的人！因而面试的过程就是一个展示自我的过程。

思考与争鸣6-1

找出自己的优势所在，并思考对未来求职是否有帮助。

_____

_____

（三）思考5秒钟原则——三思而后答

当面试官问及一个重要问题，应聘者在回答之前作适当停顿，一般时长5秒钟，留出一段思考的时间。这样做，除了可以组织一下要表达的内容，更重要的是告诉对方你正在认真思考。如果你在回答的时候不假思索且倒背如流，面试官可能会认为是你事先经过了精心准备，但也会对你所说内容的真实性打个问号。

（四）实事求是原则——避免弄虚作假

在证明自己确实有能力胜任所应聘的工作职位时，应聘者可以使用一些小技巧，如：介绍曾做过的项目或参与过的活动来证明自己具备某种能力，也可以适当地引用老师、同学、同事等第三方的言论来支持自己的描述。而这一切的前提必须以事实为基础，因为诚信不光是求职的一个关键条件，也是做人的根本。

实事求是与自我宣传是否矛盾？假如你成绩并不突出，而主考官询问："你认为自己学习期间的成绩优秀吗？"你如何在实事求是的基础上自我宣传？

_____

_____

（五）礼貌原则——注重非语言行为

应聘中的非语言行为，如：积极的眼睛接触、自然大方的笑容、倾听的姿态、较小的人际距离等，都有利于面试评价。

📖 案例与启发 6－1

小张毕业于某重点工科院校热门专业，他成绩优秀，很适合从事研发工作，毕业前夕接到国内一所大型企业研发部门对口职位的面试通知。随着面试过程的深入，小张逐渐放松下来，态度由恭敬转化为轻视，不自觉流露出傲慢的神情。他习惯地撸起袖管，嘎吱嘎吱地捏着手中的塑料水杯，双腿不停抖动，甚至碰响了桌子。途中，那位人事主管暂时离场，小张以为主管对他失去了兴趣，心里有点乱了，好几次需要对方重复提问。整个面试过程，小张一直低着头，回答问题时，才偶尔抬一下头。轮到小张提问时，考官回答的口气略显厌烦，小张的脸色也变得阴沉沉的，交谈结束离开时也没有和考官道别。

考官对小张的面试评价如下："张××，有较强的专业研究能力和较大的发展潜力，但面对压力时的心理素质较差，在人际交往方面有较大缺陷，对公司不够重视……"

面试官对学业优秀的小张为什么评价不高？借鉴小张的经验，你认为应聘交谈过程中应该注意哪些非语言行为？

_____

_____

四、应聘前后

（一）应聘前全方位准备

俗话说：不打无准备之仗。凡事预则立，不预则废。面对日趋激烈的择业竞争，面对用人单位越来越挑剔的眼光，应聘面试前一定要做好充分的准备，这是所有面试成功者共同的体验。面试前的准备大致包括以下几方面。

1. 物品准备

首先，接到面试通知后，要搞清楚面试地点、交通路线，同时要留出充裕的时间赶路，以免面试迟到,一般提前五到十分钟到场是正确的做法。

其次,面试前要把自己面试带去的文件包整理好,带上必备用品,包括各种证书、身份证原件复印件、个人成绩表、学校推荐就业表、证件相片等与求职有联系的相关材料。

2. 心理准备

首先要树立信心。在准确定位的情况下,勇于接受挑战,主动出击,参与竞争。

其次要提高心理承受力。认识到求职路并不是一条坦途,途中的磕磕碰碰在所难免,要做到失败不气馁、面对现实,勤于思考和善于总结。

3. 形象准备

参加面试,在衣着方面不能过分花哨华丽,要整洁大方,着装整体效果必须协调统一,同所申请的职位相符。男士要把头发梳齐整,胡须刮干净。女士最好化淡妆,但不可修饰过度。

4. 研究准备

研究自己——面试最重要的还是要从自身开始做准备:首先要做好自我介绍;其次对申请的职位要很了解,确定所应聘的工作适合自己发展,是自己的兴趣所在;最后还要明确自身参与竞争的优势和劣势分别是什么。

研究企业——求职前,要先了解一下公司所在地、规模、架构、背景、经营模式、目前的发展状况和未来的发展规划、今后预定拓展的业务、企业的用人标准等概况,以便回答面试官提问时更具有针对性。如果你在求职应聘当中能说出自己对该企业文化的感知,无疑会使主考官对你刮目相看。

研究提问——面试当中的提问虽然五花八门,但万变不离其宗,所有问题都有其清晰明确的目的,目的就是考察求职者对这份工作的态度和能力。所谓"运用之妙,存乎一心",对应聘者而言,了解面试官提问的真实意图,掌握常规的方法技巧,就可消除紧张情绪,流畅应答。

5. 平时准备

所谓"台上十分钟,台下十年功",要想在求职应聘交谈的过程中展现自己优秀的一面,离不开日常的辛苦准备。

首先,应聘者的文化技能水平是用人单位考核的重要标准,而扎实的专业知识储备和娴熟的专业技能掌握不是一朝一夕的功夫,而在于日常的学习和积累。

其次,谈话技巧也是逐步提高的过程,要在平时的生活学习过程中敢于开口,注重体态的练习、语音语调的合理运用、掌握普通话正确发音的技巧,不断提高语言表达的逻辑性、层次性、准确性。

(二)应聘后积极主动

案例与启发 6-2

一位面试感觉不错的求职者刚寄出了一封感谢信,却得知自己落选了。他马上又送出了第二封信,信中表达了未被选中的遗憾,同时表示自己对这个公司的向往,希望公司在今后出现工作空缺时能够考虑自己。结尾时,他再次感谢面试官为他付出的时间和精力,并说自己希望得到回音。这封信打动了面试官,不久之后,面试官通知他可以到公司的另一岗位就职。

面试官被打动的原因是什么?本案例对于你有什么启发?

_____

_____

口语交际能力训练

1. 礼貌查询结果

面试完毕,最令人挂心的就是面试结果。如果面试两周后或主考官许诺的时间到来时,仍未收到通知,你可写信、发 E-mail 给主持面试的人员表示感谢,询问面试结果(为了有这样的机会,面试告辞时别忘了向面试官索要一张名片)。这样做的目的一是提醒一下招聘方自己对这个公司很感兴趣,表示自己积极正面的态度;二是假如是考官难以做出判断,如果你的感谢信言辞真挚恳切,再次强调你的技能和工作经验,很可能增加入选的机会。

2. 求职失败多反思

应聘中不可能人人都是成功者,万一你在竞争中失败了,也不要气馁。最重要的是能够"吃一堑,长一智",坐下来查找、反思为什么会失败,怎样修正应聘中的错误和失误,并针对这些不足重新做准备,为下次成功打好基础。

主题要点

1. 应聘交谈是指一种在特定场景下,经过精心设计,通过主考官与应试者双方面对面的观察、交谈等沟通方式,了解应试者素质特征、能力状况以及求职动机等的人员甄选方式。

2. 应聘交谈以谈话和观察为主要工具,交谈内容灵活,有主观随意性,是一个双向沟通的过程。

3. 应聘交谈的原则:自信原则、2 分钟秀出自己原则、思考 5 秒钟原则、实事求是原则以及礼貌原则。

4. 应聘前全方位准备包括:物品准备、心理准备、形象准备、研究准备(研究自己、研究企业、研究提问)和平时准备。

5. 应聘后要积极主动,礼貌查询结果,如果应聘失败则要不断反思。

一周训练计划表

时间安排	训练内容	效果评估
星期一	研究自己的性格特征及兴趣,有针对性地做出职业规划并在班上交流	
星期二	尝试与陌生人交谈,尽量体现应聘交谈的五大原则	
星期三	跟同学讨论如何在平时学习生活中做好应聘的知识储备和谈话技巧,并有针对性地做出具体实施计划	
星期四	观察其他同学与人交谈中不恰当的非语言行为,共同讨论、提高认识,反思自己是否也有同样的毛病并提出改进方案	
星期五	观看《职来职往》《职有你》等现场招聘类节目,观察应聘者表现并讨论	

主题二　应聘交谈的内容及技巧

> 　　在面试以前接受一些面试技巧的培训,这是必要的。比如说如何面对老板,怎样做到有问必答,如何答得恰到好处,包括眼神、表情应该怎么展示。但这些只是表面的东西,真正关键的是内核,是把你真实的自我展现出来。
>
> 　　　　　　　　　　——俞敏洪("新东方"培训学校创始人)

　　从面试通知到拿到单位录取通知,应聘交谈在这个过程中起到的作用是决定性的。应聘交谈发挥出色,可以在一定程度上弥补学历和专业上的不足。据统计,40%的毕业生求职失败,是由于面试时的表现不被面试官所认同引起。可见求职前熟悉应聘交谈的内容,掌握应聘交谈的技巧是很有必要的。

　　应聘交谈主要包括自我介绍、应聘提问与答复,以及应聘人提问。

一、自我介绍

　　一个常规的面试,寒暄之后考官提出的第一个面试问题几乎千篇一律:"请你简单地做一下自我介绍"。自我介绍是求职者在求职过程中的首次正式亮相,是一种说服的手段与艺术。

思考与争鸣6-2

　　"自我介绍不是照简历上的基本信息背一遍而是要让我们知道你怎样看待自己。"一位有着十几年人力资源工作经验的面试官说,"自我介绍考察的是应聘者的语言组织能力以及对自己的定位是否清晰,要像明星出场一样短时间内就让人看到自己的优势。"你怎么理解面试官的这些话?

_____

_____

(一)自我介绍的目的

　　有些同学会有疑问,应聘简历中明明已经把个人情况写得很清楚了,应聘交谈时为何还要多此一举呢? 其实要回答这个问题,首先得搞清楚面试官通过自我介绍想考察应聘者什么?

　　第一,考察自我介绍内容和递交简历内容是否相符。如果简历是真实的,口述自我介绍不会有明显出入;如果简历有假,自我介绍一般就会露马脚。

　　第二,考察应聘者基本的逻辑思维能力、语言表达能力,总结提炼概括能力以及现场的感知能力与把控能力。

　　第三,考察应聘者的言行举止是否符合职业形象,能否适应岗位需求。

口语交际能力训练

（二）自我介绍的内容

自我介绍通常包括问候、个人基础信息介绍——姓名、年龄、籍贯、学历、专业背景等（应注意对照职位需求）、个人优势阐述——性格优点、突出技能等（应突出自己能为工作带来的帮助和贡献），以及最后的致谢。

（三）自我介绍的技巧

（1）注意内容：介绍内容要与个人简历所写的相一致，不宜在介绍个人基础信息时过多地停留，应以岗位要求为导向，切中要害，多谈一些跟你所应聘职位有关的经历和所取得的成绩，以证明自己的能力可以胜任。

（2）注意礼貌及态度：应显示自己稳重的个性、充分的信心和积极诚恳的工作态度。

（3）注意开场白：要设法抓住面试官的注意力。

（4）注意"三突出"：突出优点（注意可信度），突出个性（要鲜明、具体，可借用别人的评价），突出重点（注意与岗位的要求相一致，用事实说话）。

（5）注意时间：既不能超时也不能过于简短，一般为 1～3 分钟。

（6）注意表达：表述方式尽量口语化，语速适中、神态大方、举止得体，同时要条理清晰，层次分明。

 演练与提高 6 - 2

根据所学，在班上开展"一分钟求职自我介绍竞赛"。请以下面的评分表作为打分的标准。

评分表										
内容方面 50%						表达方面 50%				
开场白新颖	基本信息完整	优点突出可信	时间控制良好	与职位相契合	礼貌用语	神态自然	体态端庄	眼神交流	语速适中	条理清晰
5	10	15	5	10	5	10	10	10	10	10

二、应聘提问的类型

所有的求职者都希望能顺利通过面试被录用，因此职场招聘中会被问到哪些问题是求职者们普遍关心的。这些问题虽然五花八门，但常见的一般有五大类。

第一类是了解型题目。目的在于了解求职者的基本履历、职业取向、自我感觉以及基本的人生观、价值观和事业观，考察其是否契合所招聘职位。常见的表述形式有：询问求职者的专业背景，社团活动，家庭成员，应聘的原因，长期/短期职业目标；请求职者谈一下自己的兴趣爱好、优缺点、别人（朋友、父母、老师或原来的领导）的评价；询问求职者的经历以及未来打算等。

口语交际能力训练

演练与提高 6-3

请尝试回答面试官的问题:你的学业对你应聘这个岗位有什么帮助?

_____

_____

第二类是考察型题目。目的是在初步了解的基础上,更深入地考察求职者的成长轨迹及其基本的处世观念和办事风格。其常见的表述形式为:如何组织制定一项岗位的工作计划,如何与性格不合的人相处,如何处理工作中的某项突发事件,谈谈最成功/失败的一次活动等。

 演练与提高 6-4

请尝试回答面试官的问题:你的一个好朋友突然成为众矢之的,你该如何处理同他的关系?

_____

_____

第三类是分析型题目。目的在于考察求职者更深一层的认知水平、思变能力、逻辑与分析能力。常见的表述形式为:对某一句话的理解,对某个现象的看法,对某种观念的分析,对某一行为的态度等。

 演练与提高 6-5

请尝试回答面试官的问题:你听说过"水至清则无鱼,人至察则无徒"这句话吗? 你是如何理解这句话的?

_____

_____

第四类是模拟型题目。目的在于识别求职者的整体素质与综合办事能力。常见的表述形式为:模拟某个工作中会遇到的疑难,请你提出解决方案。

 演练与提高 6-6

沃尔玛经典面试题:某顾客购买 9.9 元的牛肉丸。但销售人员将价格计成了 10.9 元的虾肉丸,顾客当时已发现,但他在买完单后投诉要求赔偿,如果你是前台经理你要如何处理?

_____

_____

口语交际能力训练

第五类两难型题目。这类题通常把求职者置于一个两难的境地:譬如工作与友情、公事与私情、工作与家务、工作与学习发生矛盾,要求求职者在其中做出一个合理的选择。目的在于测试求职者的应变能力与应急智慧。常见的表述形式为:假设……

 演练与提高 6 - 7

请尝试回答面试官的问题:如果工作与家事冲突时你会如何选择?

总的说来,虽然面试题目五花八门,但都有其侧重考察的目的,求职者平时不妨在这五个方面多加思考,多作一些应对准备,做到有的放矢,有备无患。

三、应聘时回答问题技巧

1. 消除过分紧张情绪

一方面要做好面试前的各项准备,尤其要"知己知彼",清楚自己的优势和对方的需要,准备越充分,自信心就越强。最好面试前先自己预演一遍,想象一下会被问及的各种问题和答案,即使不能猜到所有可能被问及的问题,但预演的过程会让你减轻紧张而且在面试时做到心里有底。另一方面在面试过程中可以通过心理暗示、放慢语速、深呼吸等放松自己。

2. 仔细倾听,把握意图

仔细倾听,对面试官的陈述予以适当的回应、澄清,可以使面试保持良好的气氛和节奏,也可以帮助应聘者准确地把握面试官意图,从而合理有效地应答,为面试官提供想要获取的信息。

3. 迅速思考,明确要点

应聘者回答问题前要首先揣摸对方问话的用意,即弄清对方问话的目的是什么?用意何在?然后要迅速思考,确定回答的原则。最后合理布点,即从哪几方面去回答,有多少个结点。必须指出,以上三点只能在数十秒以内思考分析完毕,不能迟疑。所以,交谈是紧张复杂的脑力短兵相接。

 案例与启发 6 - 3

在一次某企业面试过程中,小王正侃侃而谈他的专业知识,突然考官打断他,问道:"对于现在的青少年炫富,你怎么看?"面对这个与企业和专业都无关的问题,小王愣了一下,意识到这是在考察自己的人生观、价值观,以及综合分析问题和全面认识问题的能力和水平,他迅速整理了一下思路,冷静地回答道:"我觉得这主要还是在于家庭教育,家庭环境对一个人的成长有着至关重要的作用。当下,许多在商业上取得了一定成绩的成功人士,很多都会忽视了家庭,尤其忽视了对孩子的教育,影响了他们正确的人生观、价值

口语交际能力训练

观的形成。我的家教很严，从小父母对我要求就比较严格，与学校老师也经常沟通，对我的教育十分上心，这是我最自豪也是最幸福的地方。"考官一边听一边微笑表示赞同。

4. 给出有针对性的回答和具体的实例

作为面试主考官，他们真正想知道的是你能为公司带来什么实质性的东西，所以你在阐述自己的优势时，举出具体例子来说明往往更有说服力。避免过于简短的回答，告诉对方当时的实际情况，你所用的方法，以及实施之后的结果。一定要有针对性，避免空洞无物、不着边际的自我宣传。

5. 随机应变，自圆其说

除了非常专业的技术性问题之外，大多数问题其实是没有标准答案的。应聘者不必去猜测面试者的标准答案是什么。之所以面试时要提问，只是因为提问是了解应聘者的方式而已。所以应聘者没有必要仅仅回答所提的问题。应聘者可以根据提问的内容适当地进行发挥，让面试者更充分地了解你的优势所在。当然几乎所有的面试问题都有可能被主考官进一步深化和挖掘，因此应试者回答问题要尽量中肯、诚实，同时考虑周全，避免陷入自相矛盾的尴尬境地。

6. 保持冷静，扬长避短

虽然大部分主要问题事前都可以有所准备，但是面试中总会遇到一些让人尴尬的问题。面试官通过这些问题主要是想观察求职者在压力下的表现，以探测求职者的智慧、性格、应变能力和心理承受能力等。作为应聘者，要避免结结巴巴，无言以对，抑或怒形于色，据理力争，而应该保持冷静，坦诚面对，坚持主动地强调你的长处，以及你如何将自己的不足变成优势，将话题引到对自己有利的方向。

> **案例与启发6-4**
>
> 小米的学习成绩并不算顶尖，面试咨询公司时，考官便提出了这样的问题："你的成绩好像不太出众哦，你怎么证明自己的学习能力呢？"小米不慌不忙答道："我认为不是只有成绩才能反映人的学习能力的，我在校期间学习成绩之所以不很优秀，是因为我担任社团负责人，投入到社团活动上的精力太多。虽然我的成绩好像不太出众，但其实我的专业课都相当不错，如果你有疑问，可以当场测试我的专业知识。"小米巧妙地绕开了令人尴尬的问题，将考官的注意力引导到他引以为傲的社团活动和最拿手的专业知识上。

7. 自始至终保持礼貌，注意细节

作为一项非智力因素，面试中的礼貌体现于多方面。譬如善用眼神交流，时刻保持微笑、耐心聆听、注意观察、避免不雅观的肢体动作等，同时要注意语速适中、语音语调清楚自然，表现出严谨的逻辑性，展示自己积极向上的工作热情。

案例与启发6-5

　　京东方科技集团股份有限公司董事长王东升在招聘员工时非常注意细节，他曾这样说过："我有个特殊的习惯，很注意学生面试结束后离开时的动作。前两天，我就在杭电招聘，有一个学生和我谈完后，把椅子往后一挪起身准备离开，但他没有马上走，而是先把椅子摆回原来的地方，再拿起桌子上给他泡茶的一次性杯子准备带出门，最后走到门边时又顺手把灯关了，因为他是最后一个面试的。我心里当然就给他加分了。这三样活儿很简单，但现在能做到的学生不多，大概因为现在都是独生子女，很多人在家里吃完饭也就把碗筷一扔，出门从不知道关灯落锁，更何况在单位？但我觉得这种基本素养还是需要的。至少在电子科技这个行业，我对他以后工作上的严谨多了一份信心。"

四、应聘人提问

　　在面试结束前，大多数的主考官都会给求职者主动提问的时间。无论求职者是否有提出问题，其实，这个问题背后的真正含义，通常是主考官用来测试你对这份工作有多大的企图心、决心和热情。

　　为了能更好地把握"面试最后一问"，首先求职者要提前通过多种渠道了解所应聘单位及具体岗位的详细情况，事先准备几个有价值的小问题，这些问题最好与公司以及岗位需求有较强的关联性，一方面求职者可以分析答案释放出的公司情况，另一方面也可借此机会展示自身对于求职的积极态度。其次，求职者在提问的过程中态度要诚恳、不卑不亢、注重交流，展现出积极进取、踏实认真的求职意图。

 演练与提高6-8

　　针对自己未来求职方向提出有价值的问题并指出问题的目的。

_____

_____

主题要点

1. 应聘交谈主要包括自我介绍、应聘提问与答复，以及应聘人提问。

2. 自我介绍通常包括问候、个人基础信息介绍——姓名、年龄、籍贯、学历、专业背景等（应注意对照职位需求）、个人优势阐述——性格优点、突出技能等（应突出自己能为工作带来的帮助和贡献），以及最后的致谢。

3. 自我介绍的技巧包括：注意内容、注意礼貌及态度、注意开场白、注意"三突出"、注意时间、注意表达。

口语交际能力训练

4. 应聘提问与答复中常见的问题可分为五大类：了解型题目、考察型题目、分析型题目、模拟型题目以及两难型题目。

5. 应聘提问与答复的基本回答技巧包括：消除过分紧张情绪；仔细倾听，把握意图；迅速思考，明确要点；针对问题，具体回答；随机应变，自圆其说；保持冷静，扬长避短；保持礼貌，注意细节。

一周训练计划表

时间安排	训练内容	效果评估
星期一	观看有关应聘自我介绍视频，对内容及技巧进行评议	
星期二	练习求职中的自我介绍，请他人指出自身问题	
星期三	自行搜集常见面试提问，思考属于什么类型题目，考察目的是什么	
星期四	针对面试题目，组织语言并互相评议	
星期五	小组模拟面试提问现场，回答对方提问	

主题三　面试主要类型及应对技巧

> 每个人都会经历不同的面试，因此就需要我们用各种知识去从容应对。充实自己是最好的方法。
>
> ——杨澜（著名主持人）

在应聘实践中，存在多种不同的面试形式，较为典型和应用较为广泛的是电话面试、行为面试和小组面试。应聘者如果能够对各种面试形式及应对技巧有相当程度的熟悉，就可以做到心中有数，能提高临场发挥水平。

必须注意的是，在实际面试过程中，主考官可能只会采取一种面试方式，也可能同时采用几种面试方式，还可能采用除电话面试、行为面试和小组面试之外的其他形式。不同用人单位在采用具体面试形式时也存在差异，因此，我们应立足于提高自身修养和整体知识水平，不能仅仅停留在对某种面试形式的深入研究上。

一、电话面试

（一）电话面试概述

多数企业在从简历中筛选出合适的申请人之后，在正式的面试之前，通常会采用打电话的方式进行首轮面试，即在电话中通过询问常规问题核实应聘者的相关背景、语言表达能力，判断应聘者是否符合招聘职位所要求的素质能力，并根据电话面试的结果判断是否给予进一步面试的机会。电话面试的时间一般控制在 10～30 分钟左右。

（二）电话面试应对技巧

首先,在接到面试电话时,如果你周围的环境很嘈杂,或是没有任何准备,那么你就应该向对方说明暂时不方便接听,请对方稍等,在快速转换环境和做好准备后回电给对方。其次,要注意语速,适时沟通。由于主考官在电话中只能通过声音来判断你的表达能力,所以声音很重要,不要过于平淡地、机械地背诵你已准备好的内容。在回答问题时语速不要太快,音量可以适当放大,发音吐字要清晰,表述要尽量简洁、直截了当,注意礼貌用语。第三,在电话面试过程中最好准备好笔和纸,一边听面试官的说明和提问,一边记下重要的信息,包括公司名称、面试官的姓名、面试问题的要点以及进一步的面试安排等。

二、行为面试

（一）行为面试概述

行为面试是通过一系列基于具体行为的问题,来考察应聘者在过去某种特定事件中的具体表现,从而判断应聘者特定方面的素质及能力,并以此推测其在今后工作中的行为表现。采用行为面试时,一般会让所有应聘者回答同一套行为面试问题,面试官通过考核对比,选出满意的人选。

行为面试应用非常广泛,基本上快速消费品行业的企业（如:宝洁、雀巢、箭牌、强生、高露洁等）在面试中都采用行为面试来考察应聘者的综合素质。"宝洁面试八大问题"就是经典的行为面试问题。

演练与提高 6-9

上网搜索"宝洁面试八大问题"并尝试回答。

（二）行为面试应对技巧

面对行为面试的提问,一般多采用"STAR 法则"进行回答。

运用"STAR"法则回答问题时,首先用一句话简明扼要地回答面试官的这个问题。

然后开始对具体经历进行详细描述。"STAR 法则"中 S 代表情景,即事件发生的时间、地点、项目和涉及的人员;T 代表要完成的任务或遇到的问题;A 代表自己所采取的步骤或行动;R 代表最终得出结果。

过程中要注意提取问题中的关键词,描述中必须紧扣这些关键词,因为关键词往往反映了面试官的考察意图。

案例与启发 6-6

一次面试中,面试官询问求职者其所参与的有关社团活动。一个求职者说道:"基本上我都是和社团干事一起完成社团工作的。我这个人不会和他人发生争执,都是大家一起做,也没有什么矛盾。有时我们也会加班干活,其实大家在一起还是比较愉快的……"

口语交际能力训练

案例中这位求职者的回答有哪些不足?

_____

_____

在使用"STAR 法则"回答问题的时候,要注意以下几个方面:

1. 针对问题,用词准确

回答要有针对性,避免兜圈子;同时要避免使用以下词语:理论性词语(如:应该、我会、我想、可能等),含糊的词语(如:经常、有时、常常等)以及角色不明的词语(如:我们、每个人、大家等),因为这些词语指向不明确,没有说服力。

2. 论述细节,注重当时

细节能够重现当时的情形,反映当时你的所做、所想,也能够让面试官站在你当时所处的角度来评估你的表现和能力,尤其是执行能力。有一类细节是几乎一定要说明的:就是面对一个问题,你是如何界定这个问题,找出背后的原因,以及当时为什么用那种方法解决这个问题,而不是别的办法。这类细节可以让面试官很清楚地看到你思考和解决问题的思路,而这是面试官在面试当中最想看到的,因此即使你的想法不完善,由于你说了他最想知道的东西,面试官还是会对你留下很深的印象。

3. 突出重点,体现素质

当面试官要你举例说明你的一种能力或素质的时候,只要把该项目或活动当中能够反映该能力或素质的部分进行集中论述,其他的细节,即使对你多有利,都不要提及,否则就容易冲淡你的中心思想。此外,在全文的叙述过程中,要突出"我",多说"我"做了什么以及"我"为什么这样做,而不是活动本身。

4. 控制时间,讲究互动

一般来说,每个问题的回答最好控制在 2~3 分钟以内。只要答出要点就可以了,面试官还会继续追问细节,这个时候你再回答。面试过程讲究的是交互,一定要做到和面试官互动,就像抛绣球一样,你抛过来我接,然后我抛给你你再接。

 演练与提高 6 - 10

请根据行为面试的应对技巧,练习回答下列问题:
1. 你认为自己在学校里取得了哪些收获?
2. 你经历过最成功和觉得失败的事情是什么?

三、小组面试

(一)小组面试概述

小组面试俗称"群面",又称"无领导小组讨论",一般由 5 到 8 个应聘者组成一个小组,共同讨论给定的问题,并做出决策。在讨论的过程中,每个成员都处于平等的地位,让所有应聘者自行安排、自行组织。小组面试一般会有 2~3 个面试官在一旁，观察每个应聘者的表现，从而对应聘者的能力、素质水平做出判断。这种面试可以考核应聘者的领导能力、组织协调能力、口头表达能力、说服力、洞察力、处理人际关系的技巧等。

 案例与启发 6-7

一家企业别出心裁，把 20 多位应聘者按照 5 人一组分开，要求在 15 分钟内自编一首歌曲演唱。结果在规定时间内，仅有一个组获得成功：他们在临时推出的组长指挥下，以一首人人会唱的歌曲为蓝本，按照各自分工填词，整理后一次通过。

从该案例中可以看出，"无领导小组讨论"真的是没有领导吗？小组面试有什么特点？

常见的小组面试流程如下：

① 规则说明阶段：面试官说明面试流程及规则。

② 自我介绍阶段：小组每个成员用 1 至 3 分钟分别做自我介绍。

③ 审题思考阶段：主考官交代题目，派发相应材料，应聘者有 5 分钟左右的审题、思考时间。

④ 观点陈述阶段：小组成员分别阐述各自观点。

⑤ 小组讨论阶段：小组成员进行讨论，并在规定时间内达成统一意见，讨论时间长短因实际情况有所不同。

⑥ 总结展示阶段：小组选出代表作总结，回答主考官的提问。

小组讨论过程中考官对应试者的主要考察点大致上包括：

① 每位应试者提出了哪些观点？

② 应试者提出的观点是否具有新意？

③ 当别人的观点与自己的观点不同时是怎样处理的？

④ 应试者是否坚持自己认为正确的提议？

⑤ 应试者是怎样说服别人接受自己的观点的？

⑥ 应试者是怎样处理与他人的关系的，是否善于赢得别人的支持？

⑦ 应试者是否善于倾听别人的意见？

⑧ 是否尊重别人、是否侵犯别人的发言权？

⑨ 当个人的利益与小组的利益发生冲突时，应试者是如何处理的？

⑩ 是谁在引导着讨论的进程？

⑪ 是谁经常进行阶段性的总结？

⑫ 陈述自己观点时语言组织得如何，语调、语速及手势是否得体？

（二）小组面试的常见问题分类

1. 讨论辩论类

讨论辩论类问题是在小组面试中最常出现的，主考官往往抛出一个现象或问题，要求小组成员在规定时间内互相讨论分析，最后派出代表做出统一结论。这类问题通常是开放式问题，主要考察应聘者的语言能力、思维能力，并且根据应聘者做出的理由陈述来判断该应聘者的性格、心

口语交际能力训练

理等多方面的个性特点。这类问题的特点就是没有固定的答案,而且回答者容易产生共鸣。

 演练与提高 6 – 11

> 问题:在工作中,你认为什么样的上司是好上司?
> 要求:小组成员每人提一到两个要素,然后经过 10 分钟讨论,给出 3 个要素,并说明理由,最后代表做总结,时间 1 分钟。

2. 工作问题类

问题解决类型的小组面试题,是模拟一个实际工作的情境,要求小组成员共同讨论给出解决方案,如让小组成员就有限的资源或资金进行分配,完成一个活动策划方案,或者集体解决一个在实际工作中可能出现的难题等。这类题型不仅可以由此考察应聘者的团队合作能力,更能全面考核应聘者的分析能力、推理能力、自信心、商业知识以及沟通能力。

 演练与提高 6 – 12

> 某公司发给销售部的员工每人一部手机做电话销售之用,公司的规定是会支付因为销售业务所花的费用,但是调查发现有一半的员工会无视这个规定,用公司的电话处理私人的事情。作为公司管理协调人员,如何解决这一问题?
> 要求:小组成员充分讨论并派出代表给出结论,时间共 20 分钟。

（三）小组讨论应对技巧

1. 注意聆听,善于记录

在面试官交代小组面试的大致程序和规则阶段时,我们要仔细聆听,并记录下相应的规则程序,防止在后续讨论过程中出现违反规则的情况。在讨论过程中也要特别注意倾听大家的观点并做记录,一方面可以从中捕捉某些对于自己有用的信息,取长补短;另一方面将对方发言有缺陷的地方留下标记,以便进行反驳;同时还可以把自己想法简单列个提纲,为自己的发言做提前的准备和思考,有助于把控整体局面。

2. 主动发言,言简意赅

在小组面试中,无论遇到哪种类型的问题,多发言的应试者总是容易引起别人的注意,但也不能一个人滔滔不绝,垄断发言,当然也不能长时间保持沉默,使自己处于被动的局面。在谈及自己的观点时,一定要旗帜鲜明,有条理、有根据,所有的讨论都要基于材料,并且言简意赅,层次分明。只有发言见解独到,有理有据,才能获得小组成员的认可和共鸣,吸引考官的眼球,引起考官的重视。

3. 做好交际,和谐关系

在小组面试中,如果说观点是基础,那么人际关系就是前提和纽带。良好的人际关系是团队合作的基石,也是团队效率的保证。所以在面试交流的过程中,要运用一定的沟通技巧。比如发言时避免咄咄逼人,照顾他人情绪,讨论过程中态度要诚恳,用更深入的分析、更充分的证

口语交际能力训练

据来说服对方。反驳对方的观点时不要恶语相向。

4. 注意互动,适度妥协

牢记小组面试是一个互动的过程,坚决要避免由于紧张以及对讨论资料不够熟悉而导致的机械背书式的陈述,可以通过肢体语言、面带微笑的表情以及自信的目光等来和面试官、小组成员进行交流。这要求我们平时要有意识地训练脱稿演讲的能力。通常小组讨论都有一个明确的目标,要尽量在时限之前达成组内一致,得到共同结论,妥协的实质是"大局观",适度妥协、顾全大局同样会被考官赞赏。

5. 适时引导,掌控局面

鉴于小组讨论形式的局限性,如果能够在混乱中及时"拨乱反正",引导讨论向正确的方向推进,便能给考官以"有领导潜质"的认识。有时候小组讨论非常混乱,无中心、无目的、无时间概念。这时应以礼貌的方式引导大家向有序、理性的方向讨论,包括提示大家"时间",当前最需解决的问题,以及是否应进入下一个讨论阶段等。即便引导最终没有成功,但是考官会欣赏你有这样的意识。

总之,小组面试的问题都没有固定答案,面试官主要考察的是我们在讨论时所展现的思维方式、应变能力、沟通能力等各方面素质。所谓实践出真知,我们在准备面试时可以找三五好友模拟小组面试开展演练,在模拟的过程中逐渐掌握这些技巧。

主题要点

1. 在面试实践中,存在多种不同的面试形式,较为典型和应用较为广泛的是电话面试、行为面试和小组面试。

2. 电话面试时要确保你的面试环境安静,注意语速,适时沟通,并注意记录下重要信息。

3. 面对行为面试的提问,一般多采用"STAR 法则"进行回答。

4. 小组面试又称"无领导小组讨论",小组讨论有不同的角色分工,但没有事先指定,而是在讨论过程中自主形成的。小组面试的常见问题分类有:讨论辩论类和工作问题类。

5. 小组讨论过程中要注意:(1)注意聆听,善于记录;(2)主动发言,言简意赅;(3)做好交际,和谐关系;(4)注意互动,适度妥协;(5)适时引导,掌控局面。

一周训练计划表

时间安排	训练内容	效果评估
星期一	请朋友随时打电话给自己模拟电话面试,运用电话面试技巧应对	
星期二	用你以往的经历为你的个人优势和专业特长各组织2~3个小故事并试着用"STAR 法则"来叙述这些故事	
星期三	与好友共同模拟小组讨论,找到适合自己的角色	
星期四	用几个经典面试题进行自我考核,好友之间互相评价	
星期五	观看电视节目《职来职往》,分析学员回答的优劣	

口语交际能力训练

第七章 职场人际沟通

主题一 沟通概述

> 如果我能知道他表达了什么,如果我能知道他表达的动机是什么,如果我能知道他表达了以后的感受如何,那么我就敢信心十足的果敢断言,我已经充分了解他了,并能够有足够的力量影响并改变他。
>
> ——卡特·罗吉斯(著名管理学家)

一个人在达成某些目标的过程中,难免会遇到需要与他人合作的情况。而别人对你的协助意愿和配合程度,往往决定了你能否顺利达成目标。好的沟通技巧及说服力,可让你建立良好的人际关系,获得更多的机会与资源,提高效率,减少犯错的机会和摸索的时间,得到更多人的支持、协助与认可。

一、沟通的概念

(一) 沟通的定义

"沟通"一词的原意是通过挖沟开渠使两水相互流通畅达的意思,后来用于比喻两种思想的交流与分享等。现代汉语中,沟通是指为了一个设定的目标,把信息、思想和情感在个人或群体间传递,并且达成共同协议的过程。

从沟通的定义中,可以确认沟通的三个要素分别是:要有一个明确的目标,达成共同的协议,以及沟通信息、思想和情感。

思考与争鸣 7-1

你在日常沟通中,如何明确沟通目标?沟通结束时能否达成一致?在沟通过程中,你认为信息、思想和情感哪一样更容易沟通?你在沟通中,三要素是否全部具备?

_____

_____

(二) 沟通的过程

沟通是一个完整的双向的过程:发送者把他想表达的信息、思想和情感,通过语言等其他传播媒介发送给接收者。当接收者接到这些信息、思想和情感以后,会通过一些方式给对方以反馈。所以完整的沟通过程包括信息发送、接收、反馈三个步骤。

在发送信息时你需要注意哪几个问题？

_____

_____

在电子化沟通方式日益普及的今天，人们都喜欢借助 E-mail、电话、互联网、微信、QQ 等沟通渠道进行交流，却忽略了一种最好的沟通方式——面谈，致使人与人之间的了解、信任和感情逐渐淡化。一家著名的公司为了增进员工之间的相互信任和情感交流，规定在公司内部200 米之内不允许用电话进行沟通，只允许面对面交流，结果产生了非常好的效果，公司所有员工之间的感情非常融洽。

（三）沟通失败的原因

在我们平时的工作和生活中，不良的沟通比任何一种不好的习惯给我们带来的伤害都要大。如果在工作中你欠缺沟通技巧，就无法和同事正常地去完成一项工作，工作效率降低，同时也会影响到你个人职业生涯的发展。在与朋友的交往中不良的沟通会造成友谊的破裂。所以，沟通对于我们来说是一个非常重要的基本技巧。

 演练与提高7-1

请试着分析在日常工作生活中导致沟通失败的原因有哪些？你认为将如何改进？

失败因素	以前如何处理	改进

二、有效沟通

沟通不成功的人，都会强调自己说得怎样对，只是对方听不进去而已。强调说得对与不对没有意义，重要的是说得要有效果。所以，沟通没有对错，只有有效与无效之分。

（一）有效沟通的定义

有效沟通是指在恰当的时机和适宜的场合,用得体的方式传递信息、表达思想和感情,并能被别人正确地理解并达成共识的过程。这里包括了五个要点:时机、场合、方式、内容(信息、思想和感情)和结果(理解、执行和成果),每个要点都会影响沟通的有效性。

（二）有效沟通三原则

1. 做好情绪管理

要沟通,首先要解决情绪问题。心情好了,什么都好谈,心情不好,怎么谈都没用。我们沟通的目的是要让对方能够把话听进去,而让对方听进去的关键,就是不要在对方有情绪的时候展开沟通,也不要带着情绪做任何事情。

所以,在沟通之前,首先要注意沟通对象的情绪,如果情绪不好,投射回来的反应一定不会好。同样的,我们在工作中,要跟同事、领导沟通事情,应先做试探,看看他的心情,再选择沟通的时机。跟我们的服务对象沟通也是如此,比如处理客户投诉,要先缓解情绪,再寻找解决问题的方法。

所以,有效沟通的第一原则是做好情绪管理——先改变心情,再解决事情。

2. 换位思考

案例与启发 7-1

一头猪、一只绵羊和一头奶牛,被牧人关在同一个畜栏里。有一天,牧人将猪从畜栏里捉了出去,猪连连大声号叫,强烈地反抗。绵羊和奶牛讨厌它的号叫,于是抱怨道:"我们经常被牧人捉去,都没像你这样大呼小叫的。"猪听了回应道:"捉你们和捉我完全是两回事,他捉你们,只是要分你们的毛和乳汁,但他捉住我,却是要我的命啊!"

生活中我们经常会听到这样的抱怨,说别人不理解自己,难以沟通。自己表达的意思与对方的理解总是南辕北辙。在充分传达语意的基础上,还是会出现沟通不顺畅,误会的情况也时有发生,那是什么原因造成的呢? 因为我们每个人的生长环境不同、所处的立场不同,对别人的心情难以感同身受。

所以,换位思考是理解的基础,是沟通的关键。我们应进行换位思考,以一颗宽容的心去了解,关心他人。同样的,要取得对方的理解,也要善于采用换位思考的方法。

3. 双赢原则

有效、持久的人际关系来自互利互惠,也就是追求双赢,这是人际交往的一项基本原则。在人际沟通中如果能够遵循"双赢原则",就会使人际沟通更加顺畅并在施予他人利益的同时,自己也得到利益的回报。

📖 **案例与启发 7-2**

两驴吃草的故事

有两头驴,被一根绳拴住了,它们的两边各有一堆草。因为相互的猜忌与不信任,在寻求生存权的过程中,首先选择了对抗。它们都试图凭借自己的蛮力战胜对方,吃到自己这边的草,可是绳子不够长,两头驴都吃不到各自方向的那堆草。如此反复,能量不断被消耗在无谓的对抗中,以致最后它们都累得趴在地上起不来。是一起生存,还是两败俱伤?饥肠辘辘、精疲力竭的两头驴开始了冷静的思考。经过思考,两头驴先后有了感悟,觉得可以找到一种让彼此都能吃到草的办法。两头驴经过思考与商议,决定共同协作,先吃一边的草再吃另一堆草。最后彼此都恢复了体力,得到了继续生存的机会。

在沟通中出现分歧的时候尤其要善用双赢原则。两头驴的故事告诉我们,沟通双方不是非赢即输,你死我活,要学会改变看问题的角度,接纳差异,共同去寻找解决冲突的方法,并最终在彼此协调、彼此妥协中解决问题。

三、各类型人际风格的特征与沟通技巧

我们在工作生活中,会遇见形形色色的人。只有了解不同人在沟通过程中不同的特点,才有可能运用相应的方法与其沟通,最终达成一个完美的结果。在人际风格沟通过程中,我们依据一个人在沟通过程中的情感流露,以及沟通过程中做决策的速度,可以把我们在工作和生活中遇到的所有人分为四种不同的类型,即:分析型、和蔼型、表达型和支配型。

善于观察他人的沟通方式,并适时地调整使自己与对方同步,迅速消除双方的冲突,建立良好的关系,进而赢得对方的信任。要做到这一点,首先你要知道不同类型人的性格特征,分辨出他是什么样的人,然后采用对应的方法进行沟通。

类型	特征	沟通技巧
分析型	严肃认真;动作慢,有条不紊;合乎逻辑;语调单一;讲究语言,注意细节;真实;有计划、有步骤;寡言缄默;面部表情少;喜欢有较大的个人空间	注意细节;遵守时间;尽快切入主题;要一边说一边记录,像他一样认真、一丝不苟;不要有太多的眼神交流,更要避免有太多身体接触,你的身体不要太多的前倾,应该略微的后仰,因为分析型的人强调安全,必须尊重他的个人空间;要用准确的专业术语;要多列举一些具体的数据,多做计划,使用图表

类型	特征	沟通技巧
支配型	果断，有能力；善于指挥；强调效率；独立；喜欢目光接触；说话快且有说服力；热情，语言直接，有目的性；面部表情比较少，情感不外露；喜欢使用日历；有计划，审慎的	沟通时多采用封闭式问题；要讲究实际情况，有具体的依据和大量创新的思想；支配型的人非常强调效率，要在最短的时间里给出明确的答案，而不是模棱两可的结果；不要有太多的寒暄，直接说出你的来历，或者直接告诉他你的目的；说话声音要洪亮，充满信心，语速要比较快；不要流露太多感情，要直奔结果，从结果的角度说，而不要从感情的角度去说；沟通时身体要略微前倾，要有相对频繁的目光接触
表达型	外向，合群；直率友好，活泼，热情；有较多的动作和手势；不注重细节；讲话语调生动活泼、抑扬顿挫；语言有说服力、幽默；会在办公室陈列些有说服力的物品	在和表达型的人沟通时，声音相应地要洪亮。要有一些动作和手势，与其相配合；要有目光的跟随。在与表达型的人沟通的过程中，要多从宏观的角度去说一说，如："你看这件事总体上怎么样"，"最后怎么样"。说话要非常直接。由于表达型的人不注重细节，所以达成协议以后，最好进行书面的确认，以作提醒
和蔼型	肯合作，态度和蔼，友好；有频繁的目光接触；说话慢条斯理，声音轻柔；比较有耐心；会在办公室放一些家人的照片	和蔼型的人看重的是双方良好的关系，并非结果。在和他们沟通时，首先要建立好关系；要对其办公室所放家人照片及时加以赞赏；要时刻充满微笑。说话要比较慢，要注意抑扬顿挫，不要给他压力，要鼓励他，征求他的意见；要有频繁的目光接触。每次接触的时间不长，但是频率要高

 演练与提高 7-2

请从以下几种人的表现推导出他是哪一种类型的人。

1. 在决策的过程中果断性非常的弱，感情流露也非常的少，说话非常啰嗦，问了许多细节仍然不做决定。（　　　　）

2. 他的感情流露很多，喜怒哀乐都会流露出来；他总是微笑着去看着你，但是他说话很慢，表达的也很慢。（　　　　）

3. 感情外露，做事非常的果断、直接、热情、有幽默感、动作非常多，而且很夸张；他在说话的过程中，往往会借助一些动作来表达他的意思。（　　　　）

4. 感情不外露，但是做事非常果断，总喜欢指挥你、命令你。（　　　　）

思考与争鸣 7-3

结合所学判断自己属于哪种类型。在你工作中常遇见的人际风格类型有哪些？如何消除沟通中存在的障碍？

_____

_____

主题要点

1. 沟通是指为了一个设定的目标,把信息、思想和情感在个人或群体间传递,并且达成共同协议的过程。

2. 有效沟通是指在恰当的时机和适宜的场合,用得体的方式传递信息、表达思想和感情,并能被别人正确的理解、执行并达成共识的过程。

3. 有效沟通三原则:做好情绪管理;换位思考;双赢原则。

4. 依据一个人在沟通过程中的情感流露,以及沟通过程中做决策的速度,可以把我们在工作和生活中遇到的人分为分析型、和蔼型、表达型和支配型四种类型。

一周训练计划表

时间安排	训练内容	效果评估
星期一	尝试用各种沟通方式与身边的朋友探讨一个问题,然后思考哪种沟通方式的效果最好	
星期二	分析在日常工作生活中导致沟通失败的原因有哪些	
星期三	观察身边善于沟通的人的特点	
星期四	分析身边不同性格的人的沟通特点	
星期五	主动与不同性格特点的人交流,然后记录下交流的感受	

主题二　职场内部沟通

"所谓企业管理,过去是沟通,现在是沟通,未来还是沟通。"

——松下幸之助(松下品牌创始人)

许多职场调查显示:职员离职很重要的一个原因就是不良的对待和不良的沟通。尽管很多企业都在不断强调沟通,甚至将其列为重要的企业文化,但不良的沟通依然存在,尤其是跨部门的沟通问题。不良的沟通会给企业带来很多危害,包括人际关系、团队士气、团队业绩都会受到负面影响。

一、向上沟通——与领导的沟通

(一)了解上司对自己工作的要求

思考与争鸣7-4

对于领导布置的工作,员工的反应一般有以下几种:一是听了不做;二是听了就做,做了不说；三是听了就做，做完及时反馈。

　　请问你认为自己会属于哪一类型的员工？那么，你认为正确的做法应该是哪一种？

_____

_____

　　企业必须建立良好的沟通机制，建立有布置有反馈的工作习惯。

　　在日常工作沟通中，我们会发现由于立场不同，看待问题的角度也不同。在工作中会出现领导期望员工关注的部分，但员工没有意识到它的重要性；员工很关注，而领导却并不认为是非常重要的部分。所以，工作中要学会换位思考，要了解上司对自己工作的要求。

　　那么，是不是保质保量及时完成工作任务就是一名优秀的员工呢？

📖 案例与启发7-3

　　有两个小伙子到一家食品加工企业供职，不到一年时间，甲得到了提升，而乙却还在原地不动。乙不满老板的不公正待遇，于是找到老板抱怨。老板什么也没解释，就对乙说："麻烦你去公司旁边集市看一下土豆多少钱一斤。"

　　乙很快就回来了，说道："报告老板，土豆5毛钱一斤。"

　　老板又问："一共有几家在卖啊？"

　　乙一听，说道："您稍等一下，我再去看看。"五分钟之后乙回来报告，说有5家在卖。

　　老板又问："哪家是农民？哪家是贩子啊？"

　　乙不知道，又准备去问，结果被老板叫住了："你去把甲叫过来好吗？"甲来了之后老板也叫他去集市看看土豆的价钱。

　　甲出去15分钟之后才赶回来："报告老板，土豆5毛钱一斤，一共有5家在卖，有三家是农民，两家是贩子，而且我跟他们商量了一下，其中一家农民的土豆质量不错，如果我们愿意长期进货的话，他愿意以3毛钱一斤的价格卖给我们，我还带了两个土豆您看一下。"

　　在工作中，不能只做你听到的事。要学会领会领导没有正面说出来的东西。

（二）要养成及时反馈的良好习惯

　　如果领导心里想的东西是100%的，当他用语言表达出来时，就只剩下80%了。当这80%的东西进入你的耳朵时，由于文化水平、知识背景等关系，只有60%被接收了。而实际上，真正被理解并消化的大概只有40%。等到你遵照自己领悟的40%展开具体行动时，已经变成了20%。

　　一个团队要共同完成一项任务，员工之间要达成有效的合作，就要尽可能减少这样的沟通"漏斗"，以达到更好的相互理解，才能更出色地完成工作。所

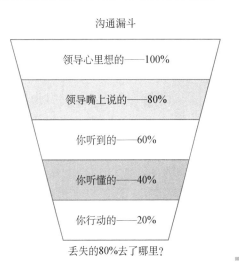

沟通漏斗

领导心里想的——100%

领导嘴上说的——80%

你听到的——60%

你听懂的——40%

你行动的——20%

丢失的80%去了哪里？

口语交际能力训练

以,在日常工作中,要养成及时沟通、及时反馈工作进程的习惯,使团队配合更加默契,工作流程更加顺畅。

（三）如何向领导请示汇报

1. 汇报工作的表达习惯

 演练与提高7-3

请思考下列这段语言表达有什么问题？怎么说比较好？

李总,我最近在留意原材料的价格,发现很多钢材都涨价了,还有刚才物流公司也打电话来说提价,我又比较了几家的价格,但还是没有办法说服他不涨价;还有,竞争品牌×××最近也涨价了,我看到……;对了,广告费最近花销也比较大,如果……可能……

我们在表达事务的过程中经常会犯这样的毛病,即把所有的信息不分主次、不分重点、一股脑地全部传递给对方,可结果却是对方根本抓不到你想说的重点。

采用金字塔表达法就能解决前面的问题。所谓金字塔表达法,就是在表述时先说结论,再分类阐释;先说主要观点,再说次要观点;先说重点,再说补充内容,层层递进。

2. 向领导请示汇报的程序

向领导请示汇报工作的程序如下表所示:

序号	汇报步骤	具体操作要点
1	仔细聆听领导的命令	快速纪录工作要点,即弄清楚该命令的时间、地点、执行者、为了什么目的、需要做什么工作、怎样去做、需要多少工作量,并加以整理、复述,及时确认
2	与领导探讨目标的可行性	接受命令后,积极动脑,对即将接手的工作有一个初步的认识,告诉领导你初步的解决方案,对于可能在工作中出现的困难要有充分的认识,对于在自己能力范围之外的困难,应提请领导协调别的部门加以解决
3	拟定详细的工作计划	讨论之后,尽快拟定一份工作计划,详细阐述你的行动方案与步骤,尤其要对你的工作进度制订明确的时间表,以便于领导进行监控
4	在工作进行之中随时向领导汇报	留意工作的进度是否和计划书一致,无论是提前还是延迟了工期,都应及时向领导汇报,让领导知道你取得的成果和遇到的困难,并及时听取领导的意见和建议
5	在工作完成后及时总结汇报	工作完成后,应及时进行总结汇报,总结成功经验与不足之处,以便在下一次的工作中改进提高。同时不要忘记在总结报告中提及领导的正确指导和同事的通力合作。至此,一项工作的请示与汇报才算基本结束

二、平行沟通——同事间的沟通

平行沟通又称横向沟通，是指组织内同层级的同事之间或部门间的沟通。平行沟通是以互通有无、争取配合为主要目的，并且是在企业内部进行的，不同于公关、谈判，应该遵循直截了当、简明扼要的原则。

（一）平行沟通的作用

一是可以使办事程序、手续简化，节省时间，提高工作效率。

二是使企业各个部门之间相互了解，有助于培养整体观念和合作精神，克服本位主义倾向。

三是增加同事之间的互谅互让，培养同事之间的友谊，进而提高工作的积极性。

（二）平行沟通的原则

1. 沟通从工作出发

平行沟通的前提是为了更好地解决工作中出现的问题，所以在沟通中一定要着眼于工作。

2. 找准对象沟通

你正在进行的工作遇到了阻碍，问题出在哪个环节，谁是这个环节的负责人，公司的制度或流程一般都是规定好的。我们必须遵循各司其职、各负其责的原则开展工作，找准对象沟通，简单说就是谁的问题找谁，这是一条重要的组织原则。

3. 开门见山

找准了沟通对象，要选择恰当的沟通时机，在沟通中要直截了当地提出自己的沟通议题、自己的目的，然后等候对方回应。切勿转弯抹角、废话连篇，浪费时间不说，也给对方留下不好的印象。

4. 双方求同存异

沟通过程中要虚心听取对方的意见，了解对方对工作不配合的原因或存在的困难。如果是对方意见与自己有分歧，可以客观陈述自己的理由并耐心听取对方的反馈。由于每个人所处的位置、个人经历、经验不同，处理问题的方式和态度也有所不同，沟通时不一定要一方说服另一方，或是完全迁就对方，而是应该求同存异，共同推动工作正常进行。

（三）平行沟通的策略

1. 主动

在职场上，要想做好工作、建立和谐的人际关系，主动加强沟通十分必要。那些一味等着领导和同事主动找你沟通的人，往往会成为职场沟通的失败者。所以职场人一定要争取主动沟通。比如，你有一个方案要提议，要事先就想清楚，我的方案会遇到哪些障碍，应该找相关人员提前沟通。

2. 双赢

跟平行部门沟通的时候千万不要只立足于自身利益寻求配合，而应该寻找双方的共同利益点，实现双赢。

3. 合作

在组织中要想获得配合与支持，必须学会合作，学会采用合作的语言模式。一般来说，人都不喜欢被批评、被否定。但是，有时我们在言谈间却不知不觉地流露出"自我中心主义"和"优越感"。觉得自己都是对的，别人都是错的。"强势的建议，是一种攻击"，所以，在沟通中要

口语交际能力训练

采用合作的语言模式(也是避免冲突的表达方式),如:"你说的很有道理"、"我理解你的心情""我认同你的观点"等等。

4. 关心

日常工作生活中要主动关心、帮助同事,建立良性的内部关系。

5. 谦虚

在企业里,凡是比你先入职的人,都是你的前辈,一个人只有学会了谦虚,在需要帮助的时候才会容易得到别人的支持。

6. 体谅

要多体谅别人,从对方的角度去想,体会到对方的困难,再去考虑解决问题的方案,才能真正解决工作中的问题。

主题要点

1. 向上沟通——与领导的沟通:了解上司对自己工作的要求;要养成及时反馈的良好习惯;向领导请示汇报的方法。

2. 平行沟通——同事间的沟通:以互通有无、争取配合为主要目的,直截了当,简明扼要。

一周训练计划表

时间安排	训练内容	效果评估
星期一	主动为老师或同学做一件事情,然后及时地进行反馈	
星期二	观察老师是如何表扬或批评学生,并加以记录	
星期三	请同学帮忙一起完成一件老师交给的任务,并记录任务的完成情况	
星期四	请为宿舍或班级处理一起同学间的内部纠纷,并记录处理结果	
星期五	思考、总结内部沟通的特点	

主题三　与客户的沟通

> 现实生活中有些人之所以会出现沟通的障碍,就是因为他们忘记了一个重要的原则:让他人感到自己的重要性。
>
> ——戴尔·卡耐基

当今社会,企业与企业之间的竞争已经由产品质量的竞争和价格的竞争发展为服务的竞争。客户服务可以说是 21 世纪企业塑造强势品牌,从而获得竞争优势、保持长期发展最有效的手段。沟通创造需求,客户的想法、意见、需求和企业的服务理念、服务特色等的传递都离不开沟通。沟通可以实现企业与客户之间的良好互动,沟通是发展和维持服务业务的基础。有效的客户沟通首先要求客服人员必须树立专业化的服务意识。

一、树立专业化的服务意识

优质的服务取决于优质的服务理念。因此,与客户沟通要建立以下服务观念:

1. 要做服务的有心人

做服务的有心人必须有以下意识:一要认识到工作不是能力问题而是态度问题;二要做到"三要四到",即心要细、腿要勤、情要切,以及眼到、口到、身到、意到;三是在服务中,必须考虑满足 6 种基本的客户需要:友好、理解和体谅、公平、支配力、选择权与抉择、信息。

2. 服务要重细节——细节决定成败

服务无小事,细节是大事。艺术家米开朗基罗曾经有过这样一句话"在艺术的境界里,细节就是上帝"。在今天的服务业里,细节更是重要——因为没有谁比顾客更会关注你的服务细节。

3. 专业的人做专业的事

日本战略之父大前研一说:"专业的人要会控制自己的情感,并靠理性行动。不仅具备较强的专业知识、技能和伦理观念,而且无一例外将顾客置于第一位,具有永不厌倦的好奇心和进取心,严格遵守纪律。"我们服务的专业性如何在工作的环节中得到充分的发挥和展现呢?就是把客户的利益摆在第一位。

专业的服务技能体现在规范的服务流程和服务用语上。我们应该在每一个服务流程上都体现出我们对客户的关注和尊重,让客户有宾至如归的感觉,体现出我们服务的专业素养。

二、规范化的服务用语

(一) 服务用语规范

规范的服务用语是服务非常重要的一个方面。因为它代表着企业的文化、员工素质以及对外的整体形象,直接影响到客户对企业的评价。

 演练与提高 7-4

请分小组进行规范服务用语的交互练习。注意在说话的同时,应适当地辅以动作,如:注目、点头、微笑、握手和鞠躬等。

_____

_____

(二) 正确使用服务用语

在保持一个积极的态度沟通时,应当尽量选择体现正面意思的语言。如:

习惯用语:很抱歉,让您久等。(强化了对方对于"久等"这个感觉。)

正向表达:非常感谢您的耐心等待。

习惯用语:这不比上次那个问题差。

正向表达:这次比上次的情况好。

习惯用语:你的问题确实严重。

正向表达:这种情况有点不同寻常。

 演练与提高 7-5

请把下列句子转换成积极正向的表达方式:

问题是那个产品都卖完了。

_____

我不想给您错误的建议。

_____

你没必要担心这次修后又坏。

_____

在为客户提供服务或进行沟通时,表达中应当尽量用"我"代替"你",如:

习惯用语:你的名字叫什么?

正向表达:请问,我可以知道您的名字吗?

习惯用语:如果你需要我的帮助,你必须……

正向表达:我愿意帮助您,但首先我需要……

 演练与提高 7-6

请把下列句子中的"你"改成第一人称"我"的表达方式。

你的操作不正确……

_____

当然你会收到,但你必须把名字和地址给我。

_____

你没有弄明白,这次听好了。

_____

在与客户沟通时,还要注意应在客户面前维护本企业的形象。如:

如果有客户抱怨他在另一个部门受到不好的待遇,为了表示对客户的理解,正向的表达是:"我完全理解您的苦衷",而不应该说:"你说得不错,这个部门表现很差劲"。

如果客户的要求是公司政策不允许的。与其直说:"这是公司的政策"不如这样表达:"根据多数人的情况,我们公司目前是这样规定的。"

如果客户找错了人,不要说:"对不起,这事我不管",而应换一种方式:"我们有专人负责,我帮您转过去"。

现在虽然提倡个性化服务,但如果我们能提供专业水准的个性化服务,相信会更加增进与客户的沟通。只有熟练掌握和娴熟运用表达技巧,才可以在整个与客户的对话过程中体现出最佳的客户体验与企业形象。

三、与客户沟通的技巧

客户服务的诸多流程都需要客服人员具有较高的沟通技巧以赢得客户,提高企业的竞争力。下面从拜访客户、接待客户、处理客户投诉等环节逐一介绍与客户沟通所应具备的技巧。

(一)拜访客户技巧

1. 拜访前的准备

拜访客户前应事先做好充分的准备,要熟悉有关本公司及业界的相关知识;了解本公司及其他公司的产品知识;了解有关本次客户的相关信息;了解本公司的销售方针并具备广泛的知识、丰富的话题;备好名片、电话号码簿等内容。同时,要注意做客拜访应选择一个对方方便的时间。一般可在假日的下午或平时晚饭后,要避免在吃饭或休息的时间登门造访。拜访前,应尽可能事先告知。约定时间后,不能轻易失约或迟到。如因特殊情况不能前去,一定要设法通知对方,并表示歉意。

2. 开场白的设计

对于销售人员来说,在与客户沟通的过程中,一段好的开场白能够起到的作用不仅仅是成功地向客户介绍自己以及自己要推销的产品,而且还能为后面的良好沟通奠定坚实的基础。为此,销售人员不妨在见到客户之前就针对自己的销售目标和客户的实际需求对开场白进行一番精心设计。

 演练与提高 7 - 7

假设你是某品牌运动鞋的营销人员,今天要去拜访一位潜在客户,你会如何设计你的开场白?

_____

_____

(二)接待客户的技巧

客户对于服务的感知,是从企业客服人员的服务质量开始的。客服人员接待客户时要注意以下几点:

1. 职业化的第一印象

客服人员在拜访或迎接客户的时候一定要呈现出职业化的第一印象。一个良好的服务人员形象应该是全方位的,从衣着、发式、面部表情、饰物、手足甚至语气都要注意。

2. 态度要热情

客服人员的接待态度非常重要,它决定着客户对整个服务的评价。客服人员必须把热情的服务态度通过微笑表现出来。

3. 关注客户的需求

关注客户的需求就是要关注客户的情感、信息和环境需求。优质的服务不仅要表现在微

口语交际能力训练

笑方面,还要表现在具体的行动上。比如,天刚下完雨,一位客人到餐厅来用餐,服务生赶紧迎过去,对客户说:"来,我帮您把雨伞放好。"看到一位老人进来,客服又赶紧迎过去搀扶着:"来,您坐这边。"这些都是客服人员关注客户需求的例子。

4. 以客户为中心

以客户为中心,时刻围绕着客户,这是对客服人员的基本要求。

(三)如何处理客户投诉

企业要建立良好的沟通机制,确立首问负责制,要能第一时间解决问题,特别是客户投诉处理。投诉处理就是一个沟通的过程,而且是和一群不满、愤怒的甚至于失去理智的人沟通,这就更加要求客服人员具有高超的沟通技巧、处理好和客户之间的关系。沟通的方法和技巧往往比内容更加重要。

1. 如何对待客户的投诉

(1)了解投诉客户的期待:

客户希望投诉能够得到迅速而有效的处理。那么我们首先来看看投诉客户希望通过投诉得到什么。

客户希望有人能耐心倾听他所遇到的问题,慎重地记录下来并认真地答复他。因为每个人都希望自己能够获得应有的尊重,客户也是如此。

无论是多么小的一件事,在客户眼中即是一件非常重要的事情,因为它可能已经给客户造成了一定的麻烦。他希望你能立即行动起来,用快速的反应和动作表示你和他一样重视这件事情。

客户不想遭受损失,他也许还希望为耗费的时间、忍受的麻烦或遭受的不公平对待得到额外的补偿。

(2)了解客户投诉的原因:

① 对结果不满,即客户认为产品或服务没有达到他们的预期,产生应有的利益或价值。结果不满的关键特征是客户遭受了经济损失。

② 对过程不满,即指客户对接受的产品或服务感到不满意。

2. 处理客户投诉的技巧

(1)正面看待客户投诉:

对企业而言,可怕的不是异议,而是没有异议,有客户投诉,说明企业还是有被市场关注。麦肯锡公司对客户投诉所做的统计如下:有了大问题但没有投诉的客户,有再度光顾意愿的占9%;投诉并获得圆满解决的客户,有再度光顾意愿的占54%;投诉并快速获得圆满解决的客户,有再度光顾意愿的占82%。可见,正确对待和处理客户的投诉是企业生存和发展的关键。

(2)处理客户投诉的原则:

迅速处理,积极面对;以诚相待,换位思考;表示善意,言行有理;彬彬有礼,优质服务。

(3)处理投诉的流程:

① 先道歉。如果在处理投诉的时候,你能够一开始就真诚地道歉,那么,客户的心理需求就能得到相对的满足。

② 倾听客户的诉说。尽可能使用一些开放式的问题让客户多说话、发泄情绪,然后才能了解问题的实质。必要时应立即澄清疑点,但不要提出带有判断性的问题,避免用不信任的语气质问投诉人,如:"你肯定事情确实是这样吗?""……恐怕不是你要投诉的根本原因。"等。

③ 客服人员要尊重客户的立场。不要指望扭转客户的立场,相反,要用同理的语言来稳定客户的情绪,如:"如果是我,我也会发火的。"

口语交际能力训练

④ 积极地解决问题。仅仅道歉是远远不够的,能真正让客户平息愤怒、化解冲突的,是马上帮他解决问题。因此,"对不起,是我们的过失"之后,一句"您看我们能为您做些什么"更实在。

世界一流的销售训练师汤姆·霍普金斯说过:"顾客的投诉是登上销售成功的阶梯。它是销售流程中很重要的一部分,而你的回应方式也将决定销售结果的成败。"所以,有效地处理客户投诉的说话术是非常重要的。

 演练与提高 7 - 8

1. 如果让你来处理以下客户的投诉,你将如何应对?

客户:"你们的产品质量太差了,你让我怎么使用呢?"

_____

客户:"你们做事的效率太差了。"

_____

客户:"你的电话都没人接。叫我怎么相信你。"

_____

2. 在下面的场景里,你会如何答复客户的质疑?

客户:"我已经排了 20 分钟的队,你们究竟是在做什么,怎么办一点事需要那么长时间?"

_____

客户:"你们又把我的账单搞错了,根据我们记录我应付 62 元,而你给我的清单是 162 元,你们做事情难道不能做得仔细一些吗?"

_____

客户:"你们的服务太差劲了,你答应在三个星期之前就给我送货,可是至今没有任何回音。我要你们今天就给我送!"

_____

有效沟通,助你成功。相信每个人如果能学会情绪管理、换位思考、双赢思维,在职场沟通中,掌握一定的互动技巧,一定能够在事业上获得更大的成功。

主题要点

1. 树立专业化的服务意识:要做服务的有心人;服务要重细节;专业的人做专业的事。

2. 规范化的服务用语。

3. 拜访客户技巧:设计一个吸引人的开场白。

4. 接待客户的技巧:职业化的第一印象;态度要热情;关注客户的需求;以客户为中心。

5. 处理客户投诉的技巧。

口语交际能力训练

一周训练计划表

时间安排	训练内容	效果评估
星期一	收集本地有代表性的五星、四星、三星级酒店的规范服务用语	
星期二	尝试拜访一个长辈,向他咨询你的未来职业规划问题	
星期三	尝试向一个商家投诉产品问题,记录他们的处理流程,并加以点评	
星期四	尝试用电话订餐或定位,记录电话接线员的应对语言,并加以点评	
星期五	到你最心仪的一家酒店或企业去参观考察,了解他们的服务标准	

模块四　推销与洽谈

第八章　介绍与解说

主题一　介绍

> 　　如果你记住我的名字,等于是给我一个赞美,表示我在你心中留下了印象。你记住我的名字,让我觉得自己很重要。
>
> ——卡耐基

　　介绍从某种意义上说,是进行社会交往的一把钥匙,它是交际中常用的一种口语表达方式。人与人之间的介绍,是社交中人们相互认识、建立联系必不可少的手段。介绍帮助双方增进了解,建立关系,寻求帮助,获得支持。根据作介绍的人不同,介绍又可以分为自我介绍和他人介绍两种基本类型。

一、自我介绍

(一)自我介绍的意义

　　自我介绍是指人们在社交场合中向他人介绍自己的过程。自我介绍是推销自己的形象和价值的一种方法与手段,目的是让对方能记住自己。

> 　　📖　案例与启发8-1
>
> 　　一次公司的聚餐会上,一位新员工提议大家祝酒,他先是举杯示意,大家看着他,没有人响应,他又说:"干杯吧!"还是没有得到大家的响应。因为在这个场合里,他年龄最小,大家几乎都不认识他。
>
> 　　这位年轻人在祝酒前该怎么说才能避免这样尴尬的场面呢?
>
> _____
>
> _____

(二)自我介绍的技巧

　　第一次见面后,记住别人是一门功课,而让别人记住则是一门技巧。恰当得体、别具一格的自我介绍能会给对方留下深刻、良好的印象。反之,假若在介绍自己时给对方留下不好的第一印象,它还将成为彼此进一步交往的障碍。由此可见,自我介绍也是一门学问和艺术,需要我们掌握必要的技巧和尺度。

下面介绍几种自我介绍的技巧：

1. 把握时机

选好时机，态度礼貌。作自我介绍时，应选好时机，选择对方心情愉快、有闲暇、有兴趣的时候进行。如果对方情绪不佳、正在忙着接待别人或者处理工作，就不要贸然上前打扰。

2. 掌握长度

自我介绍时还要简洁、言简意赅，尽可能地节省时间，以半分钟左右为佳，而且愈简短愈能让人印象深刻。说得多了，交往对象未必记得住，还可能产生反效果。为了节省时间，作自我介绍时，还可递上名片、介绍信加以辅助。

3. 注意方法

进行自我介绍，应先向对方点头致意，得到回应后再向对方介绍自己。无论如何不要唐突地问别人："你叫什么名字?"因为人们一般都不习惯主动地自报姓名，即使要问也应该说得婉转一点，如："对不起，不知该怎么称呼您。"

如果有介绍人在场，自我介绍则被视为不礼貌的。应善于用眼神表达自己的友善、关心以及沟通的愿望。

如果想认识某人，最好预先获得一些有关对方的资料或情况，诸如性格脾气、兴趣爱好等。这样在自我介绍后，便很容易展开进一步的交谈。在获知对方的姓名之后，不妨口头重复一次，一来方便自己记住，二来也能让对方感觉到受重视。

（三）自我介绍的基本要求

自我介绍能在一定程度上反映一个人的口头表达能力、综合分析能力、人际交往能力等。因此，自我介绍要做到以下几点：

① 镇定自信，落落大方。

② 音量适中，口齿清晰。

③ 不卑不亢，真诚热情。

④ 繁简适当，语速相宜。

⑤ 把握分寸，褒贬有度。

 演练与提高 8-1

请两位同学上台互相各做半分钟的自我介绍，台下同学为他们的表现做出评价。

_____

_____

二、他人介绍

（一）他人介绍的意义

在社交场合，我们往往有为不相识者彼此引见一下的义务，这便是为他人作介绍。他人介绍是经第三者为彼此不相识的双方引见、介绍的一种介绍方式。他人介绍通常是双向的，即将被介绍者双方各自均作一番介绍。

　　善于为他人作介绍，一方面是展示自己的社交能力、为人处事的能力和素养；另一方面可以使你在社交群中享有更高的威信和影响力。

　　如果是在一般的非正式场合，则不必过于拘于礼节，应以自然、轻松为宗旨。也不必讲究先介绍谁，后介绍谁的规则。最简单的方式就是直接报出被介绍者各自的姓名。也可以加上"这位是"、"这就是"之类的话以加强语气，使被介绍人感到亲切和自然。下面重点介绍在较为郑重的正式场合，应如何为他人作介绍。

（二）介绍人

　　一般身份地位高者、长者、特邀贵宾在社交或商务场合与某些人相识时，常常需要由他人来作介绍。为他人作介绍，在不同场合由不同人承担，公关礼仪人员、单位领导、东道主或与双方都相识的人，都是合适的介绍人。在公务交往中，介绍人应由公关礼仪人员、秘书担任；在社交场合，介绍人则应由主办人或与被介绍的双方均有一定交情者充当。

（三）被介绍者的先后顺序

　　将许多人介绍给一个人时，应依照一定的顺序进行。而在正式场合的社交礼仪中，介绍的先后顺序应坚持"尊者居后"的原则，如下表所示。

先介绍	后介绍
男士	女士
晚辈	长辈
客人	主人
未婚者	已婚者
职位低者	职位高者
个人	团体
晚到者	早到者

 演练与提高 8-2

　　天成公司董事长、经理和经理助理一行三人应邀到金石公司参加一个活动，在金石公司大门等待的是公司董事长、经理和礼宾工作人员。双方见面时，应分别由谁来介绍？介绍的顺序是怎样的？请模拟情景双方做一下介绍。

3. 介绍的分类

由于场合不同、实际需要不同，为他人作介绍时的内容也会有所不同。

（1）简介式介绍。

适用于一般场合，内容只有双方姓名一项，甚至只提到双方姓氏为止。接下来，就由被介绍者见机行事。如："让我来介绍一下，这位是张教授，这位是刘教授。"

（2）标准式介绍。

适用于正式场合，内容以双方的姓名、单位、职务等为主。如："我来为两位引见一下。这是位天时音像公司公关部马菲小姐，这位是五彩云文化传播有限公司总经理林大力先生。"

（3）强调式介绍。

强调式介绍除了介绍被介绍者的姓名外，往往还会刻意强调一下其中被介绍者与介绍者之间的特殊关系，以便引起另一位被介绍者的重视。如："这位是我的女儿刘晓，请杨总多多关照。"

（4）引见式介绍。

引见式介绍适用于普通的场合，介绍者所要做的是将被介绍者双方引到一起即可。例如，在一次联谊会上，主办人可以这样说："大家以前都是校友，但有的不在一个年级，请大家相互认识一下吧。"

（5）推荐式介绍。

推荐式介绍适用于比较正规的场合，介绍者需要经过精心准备，目的是将某人举荐给某人，介绍时通常会对被介绍者的优点加以重点说明。如："他是首位登上《福布斯》杂志封面人物的企业家，著名的阿里巴巴集团、淘宝网、支付宝创始人——马云。"

 演练与提高 8 - 3

你的上司杜经理邀请另一家公司的高管设计总监陈飞来访，他是经济学博士，你认为采用哪种介绍形式向经理介绍他较为合适？请尝试为陈飞做个介绍。

_____

_____

（四）介绍人的陈述及注意点

① 介绍人在作介绍时要先向双方打招呼，使双方都有思想准备。

② 介绍人在介绍之前必须了解被介绍双方各自的身份、地位以及对方有无相识的愿望，或衡量一下有无为双方介绍的必要，再择机行事。

③ 介绍内容真实准确，简明扼要，一分钟以内为宜。

④ 在较为正式的场合，介绍人的介绍语应使用敬语。如："尊敬的威廉·匹克先生，请允许我向您介绍一下……"或者说："王总，这就是我和你常提起的晏博士。"

⑤ 避免过分赞扬某个人，不要给人留下厚此薄彼的感觉。

⑥ 在介绍别人时，切忌把复姓当做单姓，常见的复姓有"欧阳"、"司马"、"司徒"、"上官"、"诸葛"、"西门"等，注意不要把"欧阳明"称为"欧先生"。

⑦ 介绍人在介绍后，不要随即离开，应给双方交谈提示话题，可有选择地介绍双方的共同点，如：相似的经历、共同的爱好和相关的职业等，待双方进入话题后，再去招呼其他客人。当两位客人正在交谈时，切勿立即给其介绍别的人。

演练与提高 8 - 4

　　某外国公司总经理史密斯先生在得知与新星贸易公司的合作很顺利时,便决定携夫人及工作人员一行一同前来中方公司作进一步考察并观光。小李陪同新星贸易公司的张总理前来迎接,在机场出口见面时,经介绍后张经理热情地与外方公司经理及夫人握手问好。如果你是小李,你会如何做自我介绍? 你又如何为他人做介绍的次序? 你该如何向张经理介绍史密斯夫妇呢?

_____

_____

主题要点

　　1. 自我介绍是指人们在社交场合中向他人介绍自己的过程。自我介绍是推销自己的形象和价值的一种方法与手段,目的是让对方能记住自己。

　　2. 掌握自我介绍的常用技巧,如:把握时机、掌握长度、注意方法等。

　　3. 在社交场合,我们往往有为不相识者彼此引见一下的义务,这便是为他人作介绍。

　　4. 介绍他人有简介式介绍、标准式介绍、强调式介绍、引见式介绍、推荐式介绍等形式。

　　5. 注意介绍人、被介绍者的先后顺序和介绍人的陈述等注意事项。

一周训练计划表

时间安排	训练内容	效果评估
星期一	准备三种不同场合、不同形式的自我介绍内容	
星期二	两人一组,模拟不同场合相互做自我介绍	
星期三	为你的同学引荐新朋友,分别为两人做推荐式介绍	
星期四	以四个人为单位,准备为其他三人做介绍	
星期五	小组开展介绍他人的活动,观察介绍过程并交流心得	

口语交际能力训练

主题二 解说

> 说话不在多,在于说得对,说中了事理和要害,能打动听者的心。
>
> ———谢觉哉(教育家)

在日常生活和职场中,介绍产品、讲解展览、解说景点、汇报情况、阐述计划等,都要运用解说,因此解说不仅是一种重要的生活技能,也是各行各业必须掌握的一种职业技能。解说的实用性主要体现在它的知识性、通俗性与生动性。只有让解说的内容容易被人们接受,才能使它在日常生活与职业活动中发挥积极的作用。本主题重点介绍运用较为广泛的产品解说和环境解说。

一、解说概述

(一)解说的定义

解说,就是以简明易懂、生动形象的语言说明事物、事理。解说往往是用言简意明的文字,把事物的形状、性质、特征、成因、关系、功能等讲清。被解说的对象,有的是实体的事物,如:山川、江河、植物、文具、建筑、器物等;有的则是抽象的道理,如:思想、意识、修养、观点、概念、原理、技术等。

> **演练与提高 8 - 5**
>
> 宁波水磨年糕用当年新产的晚粳米制作,经过浸泡、磨粉、蒸粉、搡捣的过程,分子进行重新组合,口感也得以改善。搡捣后的米粉团,在铺板上使劲揉压,再揉搓成长条,一条最普通的脚板年糕就成形了。 ——《舌尖上的中国》
>
> 请模仿上面的解说模式,尝试向同学们介绍一种家乡的美食及其做法。
>
> _____
>
> _____

(二)解说的分类

1. 概括性解说

概括性解说是指用简约的语言说明事物的本质特征,并说清它与同属性事物的区别性特征。概括性解说主要用于解释概念的内涵,揭示事物的某些特点,常用下定义的方法和作判断的句式表达。如:

雾霾,是雾和霾的统称。雾和霾的区别十分大。霾的意思是灰霾(烟霞),空气中的灰尘、硫酸、硝酸等非水粒子组成的气溶胶系统造成视觉障碍的叫霾。当水汽凝结加剧、空气湿度增大时,霾就会转化为雾。霾与雾的区别在于发生霾时相对湿度不大,而雾中的相对湿度是饱和的(如有大量凝结核存在时,相对湿度不一定达到100%就可能出现饱和)。

口语交际能力训练

演练与提高 8 - 6

对"馒头"和"花卷"进行概括性解说。

_____

_____

2. 诠释性解说

诠释性解说是指在准确理解的基础上,把事物的要点或特点归纳在一起,用简明的语言加以转述。可以让人在短时间内了解事物的主要内容。如:

"哑铃肩上推举":保持坐姿或立姿,两腿分开,踏于地面,躯干保持挺直。两手各握一哑铃,掌心向前,肘部弯曲成$90°$。发力将哑铃举至头顶。控制哑铃慢慢还原至初始位置。

演练与提高 8 - 7

对"俯卧撑"进行诠释性解说。

_____

_____

3. 纲目性解说

纲目性解说是分类别、分步骤地说明事物、事理的方法。要先对解说内容进行分析、筛选,分解成纲目,再分别以简明的语言表达。如:

如何正确使用一片式面膜呢?洁面后,取出面膜并展开。然后将整个面膜覆盖在脸上,将面膜抚平,使其完全贴服于脸部。放松精神,静候15~20分钟,让肌肤充分吸收面膜中的营养成分。最后取下面膜,轻轻按摩面部,令精华完全被吸收即可。

演练与提高 8 - 8

对一种家用电器的使用方法进行纲目性解说。

_____

_____

4. 形象性解说

形象性解说是指对人们不熟悉的事物或抽象的道理,运用描述的方法,以具体、生动的语言,打比方等说明方法,比喻、比拟等修辞手法,借助形象进行解说。运用形象性解说可使解说更具体、生动、感人。如:

地球内部的构造很像我们平时吃的鸡蛋,它是由三部分组成的,表面是地壳,相当于鸡蛋壳;中间是地幔,相当于鸡蛋清;最里面是地核,相当于鸡蛋黄。

演练与提高8-9

用形象性解说讲一讲熨斗。

二、解说的要求

(一)简明扼要,条理清晰

从心理学上来说,听者一般是不愿意听讲解者喋喋不休的,因此讲解必须做到内容清晰、重点突出,事物的背景、价值、成因及特征必须交代清楚。这要求讲解人员要通过与听众的互动,了解听众的目的并满足他们的需要,有重点地讲解。不了解听众的需求,就好像在黑暗中走路,白费力气又看不到结果。

演练与提高8-10

请向同学解说一本你喜欢的书。

(二)准确把握事物特征

解说不能繁冗复杂,面面俱到,要突出事物的主要特征或者事理的关键,将重要的一个点讲透,给听众留下深刻的印象。抓住事物的主要特征,即一事物区别于其他事物最主要的特点。

(三)语言表达生动形象

解说语言具有口语化的特点,听众大多是非专业人士,因此语言表达不仅要准确,还要生动、形象。具体要求如下:

一是在词汇选用上,应尽量使用大众化词语,包括浅显易懂的常用基本口语词汇,以及人们喜闻乐见的成语、歇后语、谚语、典故等。忌用有歧义和生僻的词汇。

二是在修辞手法上,可运用比喻、引用等修辞,使讲解更加生动形象,给听众美的享受。做到措辞恰当,激发情趣。

案例与启发8-2

著名作家冰心在一次少年儿童文艺座谈会上说起有关科学家高士其的小故事:"我记得有一次医生给我家人看病,病人正在发烧,医生就给化验了白血球,说是白血球太高了，一定是身体里有地方发炎。我家的孩子就问：人身上白血球高是怎么回事？高士其告诉孩子，红血球好比一个国家里的老百姓，白血球就像国家里的军队和警察，是专政的工具。在一般健康的情况下，白血球只保持一定的数量。白血球多了，说明'国家'不稳定，有敌人来侵犯或内部发生动乱，于是军队、警察便来镇压了。人身上长疱、发炎、化脓，这脓就是在和细菌战斗中壮烈牺牲的白血球！这样讲，孩子们听得很有兴趣，也记得很清楚。"

生动形象的语言除了可以用来解说医学病理，还能运用在什么地方？

_____

_____

此外，要使用标准的普通话，做到语音规范，吐字清晰，声音洪亮。其次，保持和缓适当的语速，要把握好表达的节奏。在说到数字、地名、专业用语以及关键性的、难以理解的地方，要说得慢一些，有时甚至要一字一顿地说，或作必要的重复。再者，要注意用重音、顿连等表示强调、区分、提示，以增强表达效果。

三、解说专项能力训练

（一）产品解说

产品解说可以看作是销售过程中的一个重要阶段，解说的好坏会直接关系到销售的成功与否。一位营销总监说："产品不只是产品，它可以说话，可以表现出生命力，但是它没有嘴巴，因此必须要通过销售人员的解说和传递才能将产品的表达发挥得淋漓尽致。"以下介绍几种产品解说的主要技巧和方法。

1. 产品解说的技巧

熟练运用产品解说技巧能使产品解说效果事半功倍。

（1）准备充分，熟悉产品。

对与公司产品有关的资料、说明书、广告等，必须努力研讨、熟记，在充分了解产品的基础上，才能做到解说时有所侧重，避免千篇一律、照本宣科，也才能充分应对客户的种种疑问。

产品解说的对象包罗万象，如：家用电器、日用生活品、食品药物等，那么解说员需要了解产品的哪些方面呢？

① 产品概况，包括产品的名称、品牌、规格型号、使用对象等。

② 产品本身的材质、性能和特点，如：结构特征、技术特性、安装方法、使用方法、功能作用、维修保养，采用了什么样的科学技术，产品的一些行业参数，相比较竞争对手有什么优势等。

③ 产品的运输、储存、保养与维修，售后服务范围及方式、注意事项等。

（2）善用对比，突出产品。

在熟悉自身产品的同时，也要收集竞争对手的广告、宣传资料、说明书等，加以研究、分析，做到知己知彼，在对比中了解自身产品的优劣。

演练与提高 8 - 11

以下是小米红米手机和华为荣耀 3C 两款手机的主要参数对比：

	小米红米手机	华为荣耀 3C
价格	699	798
主屏尺寸	4.7 英寸	5 英寸
主屏分辨率	1280×720 像素	1280×720 像素
网络类型	双卡双模	双卡双模
核心数	四核	四核
ROM 容量	4 GB	4 GB
扩展容量	32 GB	32 GB
电池容量	2000 mAh	2300 mAh
摄像头类型	双摄像头(前后)	双摄像头(前后)
后置摄像头像素	800 万像素	800 万像素
前置摄像头像素	130 万像素	500 万像素
传感器类型	CMOS 背照式	BSICMOS(二代)
光圈	f/2.2	f/2.0
拍照功能	连拍,场景模式,自动对焦	曝光补偿,感光度(ISO3200),白平衡,HDR,全景模式,数码变焦,自动对焦
机身颜色	象牙白色,金属灰色,中国红色	白色,灰色
机身特点		镁铝合金材料机身
手机尺寸	137×69×9.9 mm	139.5×71.4×9.2 mm
手机重量	158 g	140 g

顾客在两款手机的选择时举棋不定,假设你是其中一款手机的销售员,请尝试向顾客解说你负责的产品。

_____

_____

(3) 多角度观察、了解客户需求,做有针对性的产品解说。

了解客户需求的途径一般有:直接询问;倾听客户的谈话;观察客户的非语言行为,如:年龄、服饰、身体语言、行为、态度等。

上海长安楼饺子馆"导食先生"小叶在向顾客介绍各种饺子时,先观察来客年龄和宴请原委,然后帮助客人点饺子并作介绍。一次,他接待台湾来大陆探亲的客人,送上的第一道饺子他选择了"宝钏蒸饺"。他先介绍饺子的馅,接着讲了一个有趣的故事:相传唐丞相之女王宝钏爱上了贫民薛平贵,不顾家庭反对,逃婚长安南郊五典坡寒窑内,一住就是十八载。十八年来,她常以荠菜充饥,直到薛平贵回来团聚。做宝钏蒸饺就是为了纪念这位古人。紧接着满怀深情地说:"＿＿＿＿＿＿＿＿"这句话是他有针对性添加的。来客中一位年过花甲的老人立即举杯敬小叶一杯酒,说:"谢谢您的助兴,您讲得真妙! 今天正是为哥嫂离别 40 多年重新团聚来吃饺子。您的故事说得贴切、亲切,我们全家人吃得好开心!"这一餐,客人吃了十多个品种的饺子,自始至终兴致勃勃,后来还多次上了"长安楼"。

小叶为什么为客户点"宝钏蒸饺"并介绍它的典故? 在文中划横线处他可能会说什么?

_____

_____

2. 产品解说的方法

（1）直接讲解法。

了解客户需求,向客户有重点地介绍产品,会让客户觉得解说员的工作很有效率,还懂得替客户着想,节省客户的时间和精力,于是很容易被接受。这种方法节省时间,很符合现代人的生活节奏。

演练与提高 8-12

一位顾客走进了苹果体验店,在新上市的 iPad 面前停住了脚步。一位销售员马上上前介绍:"先生,这是我们上周才上市的新款 iPad,请问您想了解一下吗?"客户点了点头。这位销售员并没有马上开始介绍产品,而是继续问:"您之前了解或者使用过 iPad 吗?"客户回答:"我对旧款 iPad 了解一些,但不知新款有什么不同?"销售员拿起新款 iPad,一边操作一边解说:"新款 iPad 的显示屏采用了新技术,这种显示屏比目前市场上的任何高清电视机的分辨率都要高。它的摄像头性能也有明显改善。同时采用了更好的 iOS 5.1 操作系统。"顾客满意地点了点头。

请仿照案例,向客户有重点地介绍一款学习用品。

_____

_____

（2）举例说明法。

举例说明,可以使客户感到轻松和容易接受。可以举些产品使用的实例,说明它所体现的效用、优点及特点。

也可以利用"光环效应",用一些有名望的人的话来说明产品。如:餐饮店向顾客推荐产品时可以提到"××最爱吃这道菜了";许多淘宝店的商品介绍中也经常有"××(明星)同款"的关键词。

还可以借用数据、认证资料辅助,证明材料是产品最具说服力的优势。如:"百年老字号"、"中国驰名商标"等。美的空调在说明其"新节能"系列空调具备的超级节能效果时,就用了"一晚一度电"的明确数据来增强说服力。

(3)展示示范法。

俗话说"百闻不如一见",在解说产品的过程中,可以将产品展示在客户面前,边展示边解说,必要时还可以进行操作示范。生动的描述与说明加上产品本身的魅力,更容易使客户产生购买欲望。运用这个方法等于直接向客户介绍了产品的效用、优点及特性。有时还可以请顾客参与进来,亲自使用产品,更能增加产品的说服力。展示产品时要特别注意将产品以合适的角度展示给客户,对于展示的步骤要思路清晰,展示的气氛、艺术效果以让客户感到自然舒适为宜。

如果是一些大型商品(汽车、房地产等)或抽象的商品(保险、证券等),在不便于当面展示给顾客时,可以使用图文展示法。解说员可以将产品的优势具体化、形象化(以照片、画图、制表等方式),以便形象直观地说明产品。解说员通过图文并茂的方法讲解,不但使客户更容易接受,而且可以让讲解更加生动、形象,给人以真实感。

 演练与提高 8 - 13

　　灵活运用上述产品解说的方法,对你身边的一件物品进行解说,向同学模拟销售该物品。

_____

_____

3. 产品解说的注意事项

① 在见到客户之前就要树立积极乐观的态度,把与客户的沟通当成一次愉快的活动。在约见客户时,做好从态度、知识到言行举止全方位的准备,譬如在开口之前先组织好语言,设计一个吸引人的开场白。一定不要忽视第一印象对于今后与客户沟通的重要性。不论是对自己的介绍还是对产品的说明,都必须清晰、客观,而且还要时刻保持自信。对于客户所提的问题没把握回答的,要诚恳说明,不要含糊带过。

② 相信并欣赏自己解说的产品,是解说成功的必要条件。你对产品的信心会传递给你的客户,如果你对自己的商品没有信心,解说时底气不足,客户也能感受得到。面对客户提出的种种质疑,销售员要表现得信心十足,要端正态度,向对方传递出良好的信誉信息,拿出可以证明产品各种优势的真凭实据,然后在这一基础上根据客户提出的不同意见解答质疑。

③ 重视肢体语言的作用。不要东张西望,也不要做小动作,要保持体态的端正,并且平和地直视对方。一个微笑、一个手势、一次点头……都是一名解说员必须具备的肢体语言能力。

④ 不要贬低竞争者的产品,这可以反映出解说员的自身素质,也不要因此引起客户的反感。

⑤ 尊重客户感受。多使用"它对您的好处是……""当您使用它的时候……""我理解您的

顾虑……"等换位思考、让客户听起来亲切的语句。

⑥ 不批评他人的看法和经验,更不可与客户争辩。回应客户的质疑必须遵循三大原则:一是不要伤害客户的情感,把情放在首位,之后才是理;二是准备好有说服力的答案;三是开发一些回应质疑的技巧。

⑦ 不要打探客户的隐私,谈论政治、宗教等可能引起客户不快的话题。争取在最短时间内打动客户,不要谈一些无聊的话题以免引起客户的厌烦。

 演练与提高 8 – 14

在一次展销会上,一位打算买冰箱的顾客指着不远处的另一个展台,对销售人员说:"那边××牌的冰箱和你们的这种冰箱是同一类型、同一规格的,但它的制冷速度比你们的快,噪声也比你们的小,看来你们的冰箱不如××牌的啊。"

如果你是销售人员,你会怎样对顾客解说?

_____

_____

(二) 环境解说

1. 环境解说的作用

在陪同来宾、游客参观城市、小区、商场、展览馆,以及名胜古迹、风光景点时,少不了要对旅游景点、市政环境、文化设施、居住环境等进行环境解说。环境解说包括自然环境和人文环境的解说。

环境解说一是能发挥对视觉的补充作用,让观众在观看实物和景象的同时,从听觉上得到形象的描述和解释,从而受到感染和教育;二是能发挥对听觉的补充作用,即通过形象化的描述,使听众感知故事里的环境,犹如身临其境,从而达到情感上的共鸣。

2. 环境解说的要求

① 不但要抓住景观的特征,而且要突出讲述它的文化价值和历史价值。

② 采用一定的解说顺序,从不同角度多侧面解说不同方位景物。具体来说分为横向介绍(以空间为序,按方位、内外、主次作介绍)和纵向介绍(以时间为序,介绍环境的历史沿革和今昔变迁)。

③ 注重鉴赏性和趣味性,结合景物、环境的介绍,饶有情趣地讲解有关的人文典故、轶事传说、诗文辞赋等。

④ 不说低俗的话语,不失时机地插入风趣的言词、高雅的调侃,有叙述,有说明,有虚拟,有实描。叙述用短句,选词应通俗化。做到知、情、理、趣的统一。

环境解说不等于背稿,具有灵活性的特点,因此没有用心和用脑的解说,是不能感染听众,引起听众情感上的共鸣的。要做好环境解说,可以运用"六觉"观察法,即视觉观察法、听觉观察法、嗅觉观察法、味觉观察法、触觉观察法和"心觉"观察法。"心觉"观察法即用心观察法或用脑观察法,它要求观察者尽全力去挖掘事物的知、情、理、趣。

3. 环境解说的方法

(1)"虚实结合"讲解法。

"实"指的是景观的实体、实物、史实和艺术价值。"虚"指的是与景观相关的典故、传说故事。虚实结合法就是在讲解中将典故、传说与被介绍的景观有机结合,即编织故事情节的解说手法。虚实结合可以增添游兴,努力避免平淡无趣、枯燥乏味、就事论事的讲解方法。

案例与启发8-4

一位导游在对南京明孝陵的解说中说道:"在洪武十四年(1381年),朱元璋就开始营造自己的陵墓,第二年葬入马氏皇后。1398年朱元璋病死,入葬于此。为什么称作孝陵呢?一说因为马皇后死后封谥号为'孝慈',又说朱元璋主张以孝治天下,因此明代称为孝陵。自清代起,开始称为'明孝陵',一直沿用至今。说起马皇后,还有一段趣话。马氏原为郭子兴养女,后来朱元璋受到郭子兴信任,遂将马氏嫁给了他。马氏自小在军营中长大,据说手脚长得特别粗大。古代妇女着裙,风过裙起,露出了马皇后的一双大脚。我们常说的'露马脚',传说就是由此而来的。"

这位导游的这部分解说,是否有"虚"、"实"之分呢?

_____

_____

(2)"突出重点"讲解法。

所谓"突出重点法",就是在讲解时避免面面俱到,而是突出某一方面的讲解方法。突出重点讲解,在游览结束后,才能给听众留下深刻的印象。

① 突出最能代表被介绍事物的重点部分。如:在游览解说秦俑馆时,突出对最能代表秦俑特点的一号坑和二号坑的讲解。

② 突出被介绍事物最与众不同的地方。

③ 突出听众感兴趣的内容。如:导游讲解时,应重点讲解景区的自然景观、历史知识、文化内涵和传说故事。

④ 突出"之最"。面对某一景观,解说员可根据实际情况,介绍这是世界(中国、某省、某市、某地)最大(最长、最古老、最高、最小)的×××,"之最"的景观特征,能够引起听众较大的兴趣。

案例与启发8-5

一位导游这么讲解天津的石家大院:"石家大院有三绝——牌坊,戏楼,文昌阁。现在我们看到的就是三绝之一的戏楼。戏楼顶子外面是一层铁皮,上面有铜铆钉铆成的一个大'寿'字。著名的京剧表演艺术家余舒岩、孙菊仙、龚云甫都在此唱过堂会。整个戏楼的特点是冬暖夏凉,音质好。戏楼的墙壁是磨砖对缝建成,严密无缝隙,设有穿墙烟道,由花厅外地炉口入炭200斤即可燃烧一昼夜,即使冬日寒风凛冽,楼内也温暖如春。到了夏天,戏楼内地炉空气流通,方砖青石坚硬清凉,东西两侧开有侧门使空气形成对流,空间又高,窗户设计使阳光不直射却分外透亮,让人感到十分凉爽。戏楼建筑用砖均是三座马蹄窑指定专人特别烧制。经专用工具打磨以后摆放叠砌,用元宵面打了糨糊白灰膏粘合,墙成一体,加上北高南低回声不撞,北面隔扇门能放音,拢音效果极佳,偌大的戏楼不用扩音器,不仅在角落听得清楚,即使在院内也听得明白无误。因此,石府戏楼堪称'民间一绝'。"

说说这位导游解说石家大院时是如何运用"突出重点"讲解法的。

_____

_____

（3）"触景生情"讲解法。

"触景生情法"就是由景物引出话题,借题发挥的讲解方法。触景生情贵在发挥,要自然、正确、切题地发挥。

 演练与提高 8 – 15

导游李艳带着一个日本旅游团去登八达岭长城。刚到长城脚下,天空飘起了雨,本来游兴高涨的游客顿时情绪低落。

面对这样的情景,如果你是李艳,你会怎样给客人进行讲解?

_____

_____

（4）问答法。

问答法是讲解时解说员向听众提问题或启发他们提问题的解说方法。问答法有多种形式,主要有自问自答法（为了吸引听众的注意力）、我问客答法（诱导听众回答）、客问我答法（满足听众的好奇心）三种。

 演练与提高 8 – 16

在中国的园林旅游景点中,我们时常会看见各种砖雕、木雕以及各种花纹图案,如:蝙蝠代表福,桃代表寿,灵芝代表如意,三者合而为一,还有福寿如意、称心如意的含义。

假设你是园林解说员,请模拟用问答法向听众解说蝙蝠、桃和灵芝图案的含义。

_____

_____

（5）类比法。

所谓"类比法"，就是以熟喻生，达到触类旁通效果的讲解法。

① 同类相似类比：将相似的两物进行比较，便于听众理解并使其产生亲切感。

② 同类相异类比：将两种同类的景观比较规模、质量、风格、水平、价值等方面的不同。

 演练与提高 8 - 17

一位导游向来自北京的游客介绍："四方街是丽江古城最中央的一个大约 500 平方米的小广场，如果把丽江比作北京的话，那么这里就是它的天安门广场。"他的介绍赢来了北京游客的好感，游客一下就明白四方街在丽江古城的地理位置和重要性了。

假设你是导游，用类比法向某地游客介绍当地的一处景观。

_____

_____

除上述常见的五种讲解方法外，解说环境的方法还有很多。然而，在具体工作中，各种解说方法和技巧不是孤立的，而是相互渗透、相互依存、互相联系的。在学习这些解说方法时，还要根据自身的个性特点融会贯通，在实践中形成自己的解说风格和解说方法，并视具体的时空条件和对象，灵活、熟练地运用，这样，才能获得不同凡响的解说效果。正如巴金所说，最高的技巧就是没有技巧。

主题要点

1. 解说，就是以简明易懂、生动形象的语言解说事物、说明事理。它往往用言简意明的文字，把事物的形状、性质、特征、成因、关系、功能等解说清。

2. 解说可分为概括性解说、诠释性解说、纲目性解说等几种类型。

3. 解说要遵循客观性、针对性、丰富性、灵活性的原则。

4. 解说有几个的要求：简明扼要，条理清晰；语言表达生动形象，准确把握事物特征。

5. 常用的产品解说方法主要有直接讲解法、举例说明法、借助名人法、资料辅助法、展示示范法等。

6. 常用的环境解说方法有"虚实结合"讲解法、"突出重点"讲解法、问答法、"触景生情"讲解法、类比法等。

一周训练计划表

时间安排	训练内容	效果评估
星期一	请以"这是一个金点子"为题，解说一个小发明、小创造或小技巧，与同学们分享	

时间安排	训练内容	效果评估
星期二	以商场导购员的身份介绍一样超市的在售商品	
星期三	当一回"导购"，向顾客解说变频式空调和一般空调的区别	
星期四	一批游客要参观你所在地区的风景区，请你搜集该风景区包括历史、特征、人文知识等	
星期五	灵活运用各种环境解说方法，介绍你所在的校园	

第九章　推　销

主题一　推销语言技巧

> 营销的宗旨是发现并满足需求。
>
> ——菲利普·科特勒（著名营销大师）

推销就是介绍商品提供的利益，以满足客户特殊需求的过程。这一过程中销售人员的口才起着至关重要的作用。好的口才能够充分展示一名销售人员的个人魅力，同时给顾客带来愉悦的享受，顾客也乐意购买你的产品。

一、推销的口语特点

推销语言是一种应用性的行为口语，其特定的使用情境、使用对象，决定了它除了具有一般语言所要求的通俗易懂之外，还具有其他特征。

（一）目的性

所谓目的性，就是说话者的主观意图。从与消费者打交道开始，推销的目的就是宣传产品、推销商品。在开口说话前，其思维就要有活动，思考怎样说，会产生什么效果，自己将怎样应付等；决不能毫无目的地乱开口，只要一开口，就要影响消费者的思维和行为。

📖 **案例与启发 9 - 1**

美国化妆品推销高手玫琳·凯，有一次上门推销化妆品。女主人非常客气地拒绝了她："对不起，我现在没有钱，等我有钱了再买，你看可以吗？"

但细心的玫琳·凯看到了女主人怀里抱着一只名贵的宠物狗，知道"没有钱购买"只是她拒绝自己的一句托词。于是，她微笑着说："您这小狗真可爱，一看就知道是很名贵的狗。"

"没错呀！"

"那您一定在这个狗宝宝身上花了不少的钱和精力吧？"

"对呀，对呀。"女主人开始很高兴地与玫琳·凯聊起她为这只狗所花费的钱和精力。

玫琳·凯非常专心地听着女主人兴奋的讲述，在一个非常适当的时机，她插了话："那是肯定的，能够为名贵的宠物花费足够的钱和精力的人，一定不是普通阶层。就像这些

口语交际能力训练

化妆品,价钱比较贵,所以也不是一般人可以使用得上的,只有那些高档次的女士,才享用得起。"

女主人听后,很高兴地买下了一套化妆品。

玫琳·凯为什么要夸该客户手中抱着的宠物狗?

_____

_____

(二) 真实性

语言的真实性是推销语言的基本特征,也是对商品销售者的基本要求。

推销语言的真实性,一方面是指内容要真实、确切,介绍商品实事求是;另一方面则是要求应感情真挚、满腔热情地接待每一位顾客。

在一定条件下,销售人员可以运用语言夸张地表达其对某商品的感受,但决不能胡编乱造,不能欺骗、愚弄公众。这是商业取信于民、取信于社会的基本前提。

📖 **案例与启发 9 - 2**

"这件衬衣是纯棉的吗?"李小姐问。

"是的,您真有眼光,这就是纯棉的,穿起来很舒服。"销售员小张微笑地看着客户,目光充满了对客户正确判断的肯定和赞许。

"纯棉穿着倒是挺舒服的,但是会不会褪色或者缩水呀?"

依然保持微笑:"一看您就是选衣服的行家。的确像您说的,很多纯棉的衣服会褪色、缩水,但是您放心,这款衣服我们今年一个季度就销售了 2000 多件,从来没有客户反映过这种情况。您仔细看看这种纯棉面料,是采用特殊工艺处理的,和普通纯棉衣服一样舒适,但却不会缩水、变形。"

李小姐:"真的吗?"

小张:"是的。您可以先买一件回去过水看看,如果有缩水、变形您都可以拿来换。"

"那么,我要这一件了。"

小张赢得客户的信任取决于什么?

_____

_____

(三) 具有感染力

不论哪种推销形式,其语言的一个显著特点便是具有强烈的吸引力、感染力,这样才能感动顾客,影响顾客的判断与选择。

📖 **案例与启发 9 - 3**

车厢里,有位年轻人往乘客桌上放了一盒两支装的牙刷。

口语交际能力训练

"各位朋友,请大家看看手上的牙刷!"

"牙刷是需要经常更换的。我这个牙刷有很多特点:第一,这支牙刷的刷头可以弯曲90度。可全面清洁牙齿死角,让您轻松拥有干净清洁的牙齿。"边说着,这位推销员轻松把手中牙刷的牙刷头弯曲到90度。

"第二,这牙刷的背面有一块软胶,这块软胶是用来刷舌苔的。如果用牙刷毛直接刷舌苔,容易伤到您的味蕾,从而破坏您的味觉。"

"最重要的一点是:大家请看刷毛中间的软胶条。这软胶条减轻了刷牙时对牙齿的压力,能更好地保护牙齿。一般刷牙时,刷毛总是会左右分开,这时候稍微用力,牙刷的硬塑部分就会直接损伤牙齿。加了软胶条,就杜绝了这种情况的发生。"

"讲了这么多,各位朋友一定想知道这么好的牙刷到底是多少钱,这种牙刷厂家是有限价的,最低十块一盒。"

"为了让新产品更好地普及,现在厂家正在搞活动,买一盒,送一盒,也就是十块钱两盒四支。牙刷其实是经常要换的东西,所以大家可以多买点。"

牙刷推销员为什么要在桌上放牙刷?如果你是其中的一位乘客你会怎么做?这位牙刷推销员的语言给你留下了什么印象?

_____

_____

(四)注重礼貌

推销时语言表达要热情、诚恳、文明、礼貌,这是推销语言的基本要求。多用敬语、谦词,语气亲切柔和,话语委婉含蓄。这样能缩短与顾客的心理距离,促进交易成功。

(五)生动诙谐

推销时语言生动可感,风趣幽默,常常能够创设轻松活泼的氛围,拉近双方心理的距离,交融双方的情感。

案例与启发9-4

一次售楼小姐小张接待一对前来看房的夫妻。小张热情地请他们坐下后,便端来一杯水,可那位太太却不小心把水杯洒了,不但溅湿了桌子,还弄湿了她自己的衣服。小张赶紧拿来纸巾递给她,笑着说:"看来这套房子与您很有缘,入住后一定要发财!"对方的先生接着就问道:"为什么这么说?"小张说:"消炎财啊。"对方的先生一听,乐了,指着售楼部外面的人工湖笑着说:"看来等下出去之后我得跳下去,这样岂不是要发一笔大横财了!"小张也笑着说:"那样是故意的,不算,你太太刚才不是故意的,才能算是财。"这位太太瞅了先生一眼,也大笑了起来。一场本是非常尴尬的局面立即变得非常融洽了,于是,接着下来收取认购诚意金的工作也变得更加顺利了。

你如何评价售楼小姐小张?

_____

_____

口语交际能力训练

（六）应变性

消费者是各种各样的,而不同的消费情景、不同的心理需求,对销售者语言的要求也不尽相同。这就需要营销者的语言要能适应不同的顾客,不同的场合。

案例与启发9-5

原一平去拜访一位退役军人。他直截了当对军人说:"保险不可缺少。""年轻人的确需要保险,我就不同了,不但老了,还没有子女。所以不需要保险。""你这种观念有偏差,就是因为你没有子女,我才劝你参加保险。""道理何在?""没有什么特别的理由。"原一平的答复出乎军人的意料之外。他露出诧异的神情,"哼,要是你能说出令我信服的理由,我就投保。""我常听人说,为人妻者,没有子女承欢膝下,乃人生最寂寞之事,"原一平故意压低音调,"可是,单单责怪妻子不能生育,这是不公平的。既然是夫妻,理应由两个人一起承担。所以,当丈夫的,应当好好善待妻子才对。如果有儿女的话,即使丈夫去世,儿女还能安慰伤心的母亲,并担起抚养的责任,"原一平接着说"一个没有儿女的妇人,一旦丈夫去世,留给他的恐怕只有不安与忧愁吧。你刚刚说没有子女所以不用投保,如果你有个万一,请问尊夫人怎么办? 你赞成年轻人投保,其实年轻的寡妇还有再嫁的机会,你的情形就不同喽。"军人先生默不作声,一会儿,他点点头,说:"你讲得有道理,好! 我投保。"

原一平之所以成为日本的推销之神,其中一个原因在于他面对不同的顾客能用不同的方式不同的语言来说服对方,请分析上例他所采用的方法。

_____

_____

二、推销语言运用注意事项

（一）避免命令式的语句,多采用请求式

命令式的语句表达的是说话者单方面的意见,没有征求别人的意见,就勉强别人去做。请求式的语句能够体现出尊重对方,以协商的态度请别人去做。

思考与争鸣9-1

例1:顾客问推销员一:"你们厂生产的牙膏还有没有货?"

推销员一答:"没有了,这个问题下个月谈。"

例2:顾客问推销员二:"你们厂生产的牙膏还有没有货?"

推销员二:"本厂牙膏已全部订出去了,不过我们已在加班生产,您愿意等几天吗?"

比较上两例两个推销员的两种不同的回话,哪种更好? 为什么?

_____

_____

口语交际能力训练

（二）少用否定语句，多用肯定语句

对销售人员而言，严格地讲否定语句应视为一种禁忌，要尽量避免。在很多场合下，肯定句是可以代替否定句的，而且效果往往出人意料。

思考与争鸣9-2

例1：顾客问："这样的衣料没有红色的吗？"
销售员一回答："没有。"
例2：顾客问："这样的衣料没有红色的吗？"
销售员二回答："目前只剩下蓝色和黄色的了，这两种颜色也都很好看。"
分析上两例两个推销员的两种不同的回话，哪种更好？为什么？

（三）要边说边看顾客的反应

销售员切忌演说式的独白，而要一边说一边看顾客的反应，提一些问题了解顾客的需求，以确定自己的说话方式。因为顾客的性格、年龄、职业、兴趣、爱好不同，所以在销售的过程中要因人而异。

案例与启发9-6

杰尔·厄卡夫是美国自然食品公司的推销冠军。一天，他和往常一样，把产品芦荟精的功能、效用讲给一个家庭的女主人听，但女主人并没有表示出多大兴趣。杰尔·厄卡夫立刻闭上嘴巴，开动脑筋，并细心观察。

突然，他看到阳台上摆着一盆美丽的盆栽植物，便说："好漂亮的盆栽啊！平常似乎很难见到。"

"你说得没错，这是很罕见的品种，它叫嘉德里亚，属兰花的一种。它真的很美，美在那种优雅的风情。"

"确实如此。它应该不便宜吧？"

"这个宝贝很昂贵，一盆要花800美元。"

"什么？我的天呐，800美元！每天都要给它浇水吗？"

女主人开始向杰尔·厄卡夫倾囊相授所有与兰花有关的学问，而他也聚精会神地听着。最后，这位女主人一边打开钱包，一边说道："就算是我的先生，也不会听我嘀嘀咕咕讲这么多的，而你却愿意听我说了这么久，甚至还能理解我的这番话，真的太谢谢你了！希望改天你再来听我谈兰花，好吗？"随后，她爽快地从杰尔·厄卡夫手中接过了芦荟精。

杰尔·厄卡夫成功地让客户购买了他的商品得益于什么？

_____

_____

（四）主动把握双方语言交流的对接点

销售过程是语言交流的过程,如能把握顾客语言的对接点,就能恰当地理解顾客想要表达的意思,给顾客以明确的答复和指导,实现销售目的。

📖 案例与启发 9-7

王平夫妇有两个孩子,一个九岁,一个五岁。他们非常关心孩子的教育,随着孩子的长大,王太太意识到该是让他们阅读一些百科读物的时候了。于是她打电话约见当地百科读物的代理商。以下为二人有关此事的谈话摘录。

王太太:请告诉我你们这套百科全书有哪些优点?

推销员:首先请您看看我带的这套样书。正如您所见到的,本书的装帧是一流的,整套五十卷都是这种真皮套封烫金字的装帧,摆在您的书架上,那感觉一定好极了。

王太太:我能想象得出,你能给我讲讲其中的内容吗?

推销员:当然可以,本书内容编排按字母排序,这样便于您很容易地查找资料。每幅图片都很漂亮、逼真。

王太太:我看得出,不过我更感兴趣的是……

推销员:我知道您想说什么? 本书内容包罗万象,有了这套书您就如同有了一套地图集,而且还附有详尽的地形图,这对你们这些年龄的人来说一定很有好处。

王太太:我要为我的孩子着想。

推销员:当然! 我完全理解。由于我公司为此书特别配有带锁的玻璃门书箱,这样您的小天使就无法玩弄它们,在上面涂抹了。而且,您知道,这的确是一笔很有价值的投资……现在我可以填您的订单了吗?

王太太:哦,我得考虑考虑。你是否留下其中的某一部分,比如文学的部分,以便让我进一步了解其中的内容呢?

推销员:我真的没有带文学部分来,不过我想告诉您我公司本周内有一次特别的优惠售书活动,我希望您有好运。

王太太:我恐怕不需要了。

这位推销员的失误之处在哪? 王太太原本想要购买此套丛书的动机是什么?

_____

_____

三、推销的语言技巧

(一) 投其所好

接近准客户最好的方法就是投其所好。而首先要做的便是培养与准客户一样的爱好或兴趣。此外,还要能够从一定程度上满足客户的需求,要能善于发现客户的喜好。

> **案例与启发9-8**
>
> 有一位推销人员了解到,他将要接触的准顾客是一位厂长,此人喜好书法,于是,该推销人员决定从爱好入手开始推销接近。当这位推销人员第一次走进厂长办公室后,首先看到的是墙上挂着几幅装裱精美的书法作品,而厂长正在小心翼翼地拂去一幅书法立轴上的灰尘。见此情景他走上前去对厂长说:"看来您对书法有一定的研究啊。这幅书法,写得真称得上'送脚如游鱼得水,舞笔如景山飞云'啊!看这悬针垂露之法的用笔,就具有多样的变化美。妙极了……"厂长听出此人对书法很内行,一定是书法同行,便说:"请坐!请坐下细谈……"。
>
> 你能预测这个推销员此次推销能否成功?你感悟到了什么?
>
> _____
>
> _____

(二) 赞美

每个人都喜欢被赞美,这是一个人最根深蒂固的本性。适度的赞美不但可以拉近与客户的距离,而且更加能够打开客户的心扉。

1. 学会赞美他人

① 要善于找到客户可赞美之处并在恰当的时机表达出来。

② 请教有时候也相当于赞美,有经验的推销员会巧妙地利用请教式的赞美来突破消费者的心理防线。当你在向别人请教问题的时候,在心理上对于被请教的对象是认同和认可的。在通常情况下,被请教的人就能由此获得心理上的满足,并有意无意地产生相应的想法甚至做出购买举动。

> **案例与启发9-9**
>
> 美国长岛的一位汽车商人带着一位苏格兰客户看了一辆又一辆车子,但苏格兰人总是不满意:这不适合,那不好用,价格又太高。在这种情况下,他就停止向那位苏格兰人继续推销,而让他自己选购。几天之后,有位顾客跟这个商人说希望用他的旧车换一辆新车时,这位商人就又打电话给苏格兰人,请他过来帮个忙,提供一点建议。因为他知道这一部旧车子对苏格兰人可能很有吸引力。
>
> 苏格兰人来了之后,汽车商说:"_____"

苏格兰人的脸上泛起笑容，很高兴地把车开了一圈又转回来。"如果别人以三百美元买下这部车子，那他就买对了。"他说。

"如果我以这个价钱把它卖给你，你是否愿意买下它？"这位商人问道。果然，事情出奇的顺利，这笔生意立刻成交了。

请你用请教式赞美的方法替这位汽车商设计一句话。

_____

_____

2. 赞美要遵循的原则

赞美是一种艺术，赞美方式的正确选用和赞美程度的适度把握，是对客户赞美是否能够达到实效的重要衡量标准。

① 赞美要具体真实，不能太抽象笼统泛泛而谈。赞美顾客是需要理由的。但是这个理由对于顾客来说必须是一个不争事实，只有具体真实的赞美顾客才更容易接受，才能从内心深处感受到你的真诚。

② 赞美贵在自然不做作。用自己的语言表达出对顾客的赞美，在适当的时机以一种自然的方式表达出来，才能赢得顾客对你所讲内容的信任。

案例与启发 9－10

导购走过去，对一位在一款地砖面前驻留了很久的顾客说："您的眼光真好，这款地砖是我们公司的主打产品，也是上个月的销售冠军。"顾客问道："多少钱一块啊？"导购说："这款瓷砖，折后的价格是 150 元一块。"顾客说："有点贵，还能便宜点吗？"导购说："您家在哪个小区？"顾客说："在东方绿洲。"导购说："东方绿洲应该是市里很不错的楼盘了，听说小区的绿化非常漂亮，而且室内的格局都非常不错，交通也很方便。住这么好的地方，我看就不用在乎多几个钱了吧？不过我们近期正在与东方绿洲和威尼斯城做一个联合促销活动，这次还能给您一个团购价的优惠。"顾客兴奋地说："可是我现在还没拿到钥匙呢？没有具体的面积怎么办？"导购说："您要是现在就提货还无法享受这个优惠呢，我们按规定要达到 20 户以上才行，今天加上您这一单才 16 户，还差 4 户。不过，您可以先交定金，我给您标上团购，等您面积出来了再告诉我也不迟。"这样，顾客提前交了定金，两周之后，这个订单就算搞定了。

这位推销员的推销技巧在哪？他分几步进行，最后赢得签约的？

_____

_____

（三）提问

提问是引起顾客注意的常用手段。提问的目的就是为了了解顾客的需要。优秀的销售员都是善于提问的人。

1. 怎样提问

立足于提问的目的,设计提问的内容、语言语调和方式,同时要用心观察找准时机,见机行事。

① 了解客户的的需要和愿望。

📖 **案例与启发9-11**

一位顾客的视力不太好,她所使用的手表指针,长短针必须分得非常清楚才行。可是这种手表非常难找,后来她终于在一家表店发现了一只她能看得很清楚的手表。但是,这只手表的外观实在丑陋,也可能是这个缘故,它一直没有被卖出去,而且售价也贵了点。

顾客:"这只表200元似乎是太贵了,而且也不好看。"

经理:"这个价格是非常合理的,这只手表走一个月也只差几秒钟而已。"

顾客:"太精确的表对我来讲并不重要。"她边说便下意识的辨认她腕上手表的时间数字。

经理:"您是不是希望手表让你看得清楚?"

顾客:"是的。"

经理:"我从来没有看过这么一只专门设计给人们容易看清的手表。这样吧,180元,便宜一点,数字也好听。"

顾客:"好吧,就这样吧。"

请分析上例中经理的处理步骤。

_____

_____

---

② 引导客户朝着你希望的方向思考,并迅速建立信任。

📖 **案例与启发9-12**

有一位消防器材的推销员走进某单位的会议室,对负责人说要进行消防宣传。与会者看出这是推销就要赶他走,这位推销员说,我就问两个问题,问完我就走。他的第一个问题是:"假如你家在四楼,然后三楼着火了,你应该怎么办?"与会者议论纷纷——不可能向上走,因为火是向上烧的,往上跑会被烧到。往下跑么,又不是很妥当。最后得出的结论是:用水把棉被弄湿,然后披着棉被冲下去。推销员又问道:"那么你们家里还有多少

以前的棉被?"这样一说,大家才想到,对啊,现在被子都是什么丝棉的、天鹅绒的,都是不

怎么吸水的。"好了,我的问题问完了,我走了。"于是年轻人转身欲走,这次,却是被拦住了。很多家住层楼的人纷纷定购他推销的这种全新的消防产品——遇到火灾,可以将其喷在被子或者其他东西上,起到隔热隔火的保护作用。

这位推销员的成功得益于什么?

_____

_____

③ 明确产品为顾客带来的利益。

思考与争鸣 9 - 3

叉车推销员 A 问顾客:"你想减少厂内搬运材料的时间吗?"

叉车推销员 B 问顾客:"你是否有兴趣买叉车?"

请分析上两种问法的不同。

_____

_____

④ 诱发好奇心。

思考与争鸣 9 - 4

一个推销员对一个多次拒绝见他的采购经理递上一张纸条,上面写道:"请您给我十分钟好吗? 我想就一个生意上的问题征求您的意见。"

请分析这样的纸条能带来什么样的效果。

_____

_____

2. 提问的原则

提问时,应坐在客户的一边适度地看向他,保持提问的方式。不要发出声音,不要插嘴,认真听并做适当的记录。等全部讲完之后,复述一遍给对方听。提问时注意以下几点:

① 先问简单、容易回答的问题。从小事问起,问知道答案的问题。

② 多提探索式的问题,以便发现顾客的购买意图,以及怎样让他们从购买的产品中获得需要的利益。

③ 提出引导式的问题,让顾客对你打算为他们提供的产品和服务产生信任。

(四) 提示法

巧妙的提示可以唤起顾客的兴趣,激发其购买欲望。

1. 直接提示法

一个优秀的推销员首先必须对其将要营销的产品有充分的了解,找到推销品容易被顾客接受的明显特征,熟知优惠条件;同时根据自己的销售经验,细心观察,推测顾客的购买动机,在尊重顾客个性、不冒犯顾客的前提下,直接提示推销重点。

示例:"这个系列,如果你买满××元,我们还会赠送七件套小包装……"

 演练与提高 9 - 1

推销人员在介绍完新款手机后,紧接着又以优惠活动方式提示顾客,他说:"……"

如果你是推销员你将以怎样的优惠活动提示顾客? 如果你是顾客你会有怎样的反应?

_____

_____

2. 间接提示法

这是一种迂回委婉的推销方法。推销员没有直接推销而是间接地借助一定的方法,摆明事实或有所暗示,有倾向地引导顾客思考,促成购买。

案例与启发 9 - 13

某商场服装销售员,在推销冬季商品时,这样说:"现在是换季,这冬季商品才会打折的,你看这质量怎么会打六折呢! 到了冬天你是不可能花这么少的钱就买到这么好的商品的,如果等到应季时再买,商品可就要恢复原价了。"

这个推销员的话语中暗示了什么?

_____

_____

3. 明星提示法

此法也叫名人效应法,是推销人员利用顾客对名人的崇拜心理,借助名人的声望来说服顾客购买推销品的一种方法。该方法的使用需注意所提示的明星必须是顾客公认的有较高知名度的,且为顾客所崇拜尊敬的,并与所推销的产品有一定的内在联系。

(五)介绍法

推销员一旦观察到顾客对某商品感兴趣时,应及时言简意赅地介绍商品的特点。介绍时要看对象,针对顾客的不同心理,从品质、品种、等级、规格、色泽、款式、功能、特别之处等方面有选择、有重点地介绍。介绍时把顾客的注意力放在他能获得哪些利益上,方能有效刺激顾客的购买欲望。

案例与启发 9-14

一位老妇人,她来到一家五金店,一名店员向她致以问候并主动询问她要买什么。她回答说,她想买一台暖气机。店员说:"啊,您是多么幸运啊!我们的暖气机销量很好。而且有丰富的品种可以选择⋯⋯"经过了 45 分钟对双重加热控制、热感应以及不同暖气机如何运作进行讲解后,他转向老妇人说:"现在,您还有什么问题吗?"老妇人回答道:"有的,只有一个。这些暖气机中,哪一种能让一个老太太感到暖和?"

从上例中你得到了怎样的启发?

_____

_____

1. 如何设计产品介绍

介绍产品之前必须了解顾客的需要,倾听顾客的意见。站在客户的角度思考。一般顾客在购买商品时主要会思考以下问题:

① 你是谁?

② 我为什么听你讲?

③ 听你讲对我有什么好处?

④ 为什么我应该购买你的产品?(列举购买产品的 5～10 个理由)

⑤ 为什么不应该购买其他企业的同类产品?

⑥ 为什么现在就得购买产品?

作为推销员,就应该从这几个方面着手设计相关内容的介绍。

2. 介绍产品的几种方法

介绍产品要精心设计。要根据不同的场景、氛围,结合不同对象的心理、年龄、身份等采用不同的方法或综合多种方法进行介绍。下面是几种介绍产品的方法:

① 假设问句法。把产品带给客户的利益用问句的方法来表达。

② 下降式介绍法。把利益点一个一个地介绍给客户,把重要的放在前面。

③ 互动式介绍法。调动客户的各种感官体验,不只是口头介绍,可让客户触摸产品,可采用封闭式提问询问客户。

④ 视觉销售法。让你的客户想象购买后的情形和可能的获益。

(六)比较法

比较是十分重要和有效的一个技巧。采用比较法常常能凸显产品特有的价值,激发顾客的购买欲望。这种方法就是引导顾客好好地考虑。首先,让顾客以其经济情况(即自身支付能力)衡量所推销商品的价值,使之认为,购买是力所能及的,也是十分值得的。其次,推销员要拿自己的商品同其他种类的商品相比较。这种比较可以是多方面的,既有不同品牌商品的比较,也有同种同质商品的比较,也有使用者层面、使用效果的比较。让顾客本人作出判断,以比较的结果刺激消费者清楚地意识到"为什么非买这件商品不可"的理由。

口语交际能力训练

(七)"算细账"法

顾客在产生购买欲望时,除了感情方面的因素外,理智上也必须认为是正确的,尤其是贵重物品的购买或是组织性购买时,更是如此。如果推销员用讲道理"算细账"的方法,向其证明,购买某一产品一定会得到预期的效果,那他的购买欲望肯定会变得更强烈。

(八)塑造产品的价值法

客户在购买产品的时候往往看中的是产品的价值。这里所谓的"价值"就是要对客户有利。

产品的价值分为实际价值和心理价值,因此在塑造产品价值时,就要从这两种价值出发。帮助客户增加利润,减少成本,满足欲望,减少付出。

1. 找出产品最独特的卖点

要找出并抓住产品最独特的卖点(即核心卖点,可从品牌、服务、产品三个方面入手),以这个卖点去塑造产品形象。试着用关键词"最"和"唯一"去描述。

 案例与启发 9 - 15

一个美容护肤品的推销员对顾客说:"您知道这一瓶玫瑰精油要经过多少道工序吗?88道工序。你知道这88道工序要耗费多少朵玫瑰花吗?999朵玫瑰。而且是用阿尔卑斯山的天然雪水进行提炼的。我们的工人要亲自去采玫瑰,经过88道工序提炼又要耗费一个多月的时间,这期间还要花费多少成本呢?这小小一瓶精油为什么要卖这么贵,原因就在这里呀!"

请分析这个美容护肤品的推销员是如何塑造一瓶精油的价值的。

_____

_____

2. 引导顾客联想以塑造产品价值

当顾客选择你的产品的时候,他就是要从你提供的产品中得到更多的乐趣,但这种感觉是需要推销员去传递的,否则顾客是不能自己感受到的;推销员要努力让顾客联想到拥有产品能够给他带来多大的快乐,若没有拥有产品将会是怎样一种状况。

主题要点

1. 推销就是推销者找出商品所能提供的特殊利益,满足客户的特殊需求。

2. 推销的语言应具有目的性、真实性、艺术性和应变性。

3. 推销的语言运用注意事项。

4. 推销的语言技巧:投其所好法、赞美法、提问法、提示法、介绍法、比较法、算细账法、塑造产品的价值法。

时间安排	训练内容	效果评估
星期一	观察某同学,找出他(她)身上的优点,然后真诚地赞美他(她)	
星期二	设计问题提问同学或朋友,引导其思路,思考你要他(她)思考的问题	
星期三	试着用对比的方法,说服他人接受你的推荐	
星期四	选择一种日用品,试着去塑造它的价值,向你的同学做推销	
星期五	观看电影《幸福来敲门》谈谈男主人公的推销方法	

主题二　电话营销

> 营销是没有专家的,唯一的专家是消费者,所以你只要能打动消费者就行了。
>
> ——史玉柱

电话营销是通过电话达到与客户交流沟通的目的。其过程就是一个了解客户、介绍产品、说服顾客、服务顾客的过程。

在激烈的市场竞争中,电话营销作为一种销售手段,能在一定的时间内,快速地将信息传递给目标客户,及时抢占目标市场,它已成为帮助企业增加利润的一种有效销售模式,正越来越多地被众多企业所采用,且对社会发展有着深远的影响。其特点是省时、省力、省钱,并能快速获利。

一、电话营销员应具备的沟通素质

电话营销方式是通过电话来达到与客户交流的目的。尽管客户看不到我们,我们还是要注意自己的形象,这是对客户最起码的尊重,也是良好的职业水准的体现。如果你处在一种懒散的状态中,你的声音就会传递给客户怠慢和不专业的感觉。

① 注意礼貌用语。尤其要注意收尾方式,要为下次电话或会面做好铺垫。结束时,应等对方先挂断电话。

② 面带微笑。微笑是一种有意识的放松,是友好和礼貌的举止,它也能通过电话传达给对方,让其感受到你的真诚和可信。

③ 使用训练有素的语音、语速和语调。尽量和客户保持语调和语速的同步。

④ 电话营销时,具备积极自信的心态尤其重要。因为客户虽然不能亲眼看到电话营销员,却能通过电销员的言谈勾画出对方的形象。

⑤ 电话营销人员必须明晰打电话的主题和目的,明白每一通电话想要达到的效果。

⑥ 所打电话的对象应是通过市场细分的目标客户群体(行业、领域),要准确无误地将资讯传达给客户;了解客户的真实需求,判断他是即刻需求型还是培养需求型。

⑦ 注意说话的逻辑性与严密性。想好先说什么,再说什么,注意谈话的步骤。

⑧ 提前为沟通障碍做好准备,如:对方的异议、各种突发情况等。

二、电话营销的步骤

(一)寻找目标客户

销售工作的第一步就是确定自己的目标客户。一定要非常清楚哪些客户最有可能使用你的产品,否则,即使打出再多的电话,可能都是徒劳无功的。

(二)打电话前的准备工作

① 明确给客户打电话的目的,如:是想成功销售产品还是与客户建立一种长期合作关系。

② 为了达到目的需要哪些信息,为了获得更多的信息、了解客户的需求,必须提出哪些问题,这些必须在打电话之前就设计好。

③ 设想客户会提出的问题并设计出回答。

④ 设想电话营销过程中会出现的情况并做好准备。

⑤ 要把用于回答客户问题的资料准备好放在旁边。还可以准备一些同事的联系单,以防遇到不能解答的问题时寻求同事协助。

⑥ 在手边备好纸和笔,随时记录通话要点。

(三)电话结束后的记录整理工作

① 不同的电话沟通效果要分类记录,以便为后面的推销工作提供信息。

② 建立客户资料库(包括客户的公司、姓名、电话号码、通信地址),也便于通话时,加强沟通效果。

③ 记录本次电话营销的情况(是否接触到目标人、打电话的次数,是否有希望成功签约等)。

④ 记录在电话沟通中对方提及的可能成为潜在客户的相关人员名单。

三、电话营销的语言技巧

语言沟通能力是电话销售技巧的核心。在电话服务中,客户都不喜欢浪费时间去听一些和自己无关的事情,因此,好的开场白一般都包括三个方面的内容:我是谁/我代表哪家公司;我打电话给客户的目的是什么;我公司的服务对客户有什么好处。

(一)开场白的技巧

对销售人员来说,开场白能否引起客户的兴趣,决定着电话沟通是否顺畅。因此,设计出一套让客户愿意听下去的沟通方案,就成为了电话营销成功的关键。

例1:您好,我是××公司的××,可以打扰您两分钟时间吗?

例2:您好,我是××公司的××,现在接电话方不方便?

比较以上两种开场白,思考一下,哪种更好?

_____

_____

_____

1. 请求帮忙法

一开始请求对方帮忙,通常情况下对方是不会断然拒绝的。例如,您好,李经理,我是×

×,××公司的,有件事情想麻烦您一下！（或有件事想请您帮忙！）

2. 目的提示法

电话销售开场白要直奔目的,明确告知客户你的目的。绕弯子或讲些与顾客无关的事情,只会引起顾客的反感,使接下来的交谈受阻,甚至被对方挂断通话。

 演练与提高 9－2

请指出以下电话开场白的错误之处,总结开场白的要求,并据此设计一段开场白。

示例1:销售员:"您好,陈先生,我是××公司市场部的张明,××公司已经成立5年多了,和A企业合作也已经很多年了,不知道您是否曾经听说我们公司?"

示例2:销售员:"您好,陈先生,我是××公司市场部的张明,我们是专业提供××产品的知名企业,请问你现在在用哪家公司的产品?"

示例3:销售员:"您好,陈先生,我是××公司市场部的张明,前几天前我有寄一些产品资料给您,不晓得您收到没有?"

---

3. 兴趣激励法

这种方法在开场白中运用得最多,也最普遍,使用起来也比较方便、自然。把顾客的利益和问题放在第一位是激起顾客兴趣最好的方法。此外还有很多办法可以激发起顾客对你话题的兴趣,只要用心去观察和发掘,话题的切入点是很容易找到的。

（二）赢取信任

对于电话营销人员来说,最头疼的是在接触新客户的最初阶段。这一阶段不是单纯依靠产品知识、权威形象就可以达到接近客户的目的。而如果不能取得客户的信任,销售根本无法进行下去。

1. 第三者介绍法

该方法是借助双方共同认识的"第三者"这一桥梁来引入话题,从而赢取对方的信任,继续后面的交谈。

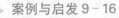 案例与启发 9－16

电话销售人员:"您好,是李经理吗?"

客户:"是的。"

电话销售人员:"我是陈××的朋友,我叫××,是他向我介绍您的,前几天我们刚通了一次电话,在电话中他说您是一个非常和蔼可亲的人,他一直非常敬佩您的才能。在打电话给您之前,他务必叮嘱我要向您问好。"

客户:"客气了。"

电话销售人员:"实际上我和陈××既是朋友关系又是客户关系,一年前他使用了我

口语交际能力训练

们的产品之后,公司业绩提高了 20%,在验证效果之后他第一个想到的就是您,所以他就给了我您的电话。"

电话销售人员为什么要提到陈××?

_____

_____

2. 牛群效应法

牛群效应法是指通过提出"与对方公司属于同行业的几家大公司"已经采取了某种行动,从而引导对方采取同样行动的方法。例如,电话销售人员:"您好,王先生,我是××公司的××,我们是专业从事电话销售培训的,我打电话给您的原因是因为目前国内的很多 IT 公司像戴尔、用友、金蝶等都是采用电话销售的方式来销售自己的产品的,我想请教一下贵公司在销售产品的时候有没有用到电话销售呢?"

思考与争鸣 9-5

分析采用牛群效应法的好处。

_____

_____

3. 回访老客户

老客户就像老朋友,一开口就会产生一种很亲切的感觉,对方基本上不会拒绝。而且从事销售的人都知道,开发一个新客户所花的时间要比维护一个老客户多三倍。

案例与启发 9-17

电话销售人员:"王总您好,我是 G 旅行公司的小舒。您曾经在半年前使用过我们的会员卡预订酒店,今天是特意打电话过来感谢您对我们工作的一贯支持。另外有件事情想麻烦一下王总,根据我们系统中的记录显示您最近三个月都没有再使用会员卡,我想请问一下,是您的卡丢失了,还是我们的服务有哪些方面做得不到位?"

王总:"上一次被我不小心丢了。"

请归纳该电销员回访老客户的几个步骤。

_____

_____

(三)迅速切入正题

在客户表示愿意听下去时,电话营销人员就要迅速切入谈话正题。只有尽快地以产品能给客户带来利益作为谈话的内容,才能延续客户对你所讲话题的兴趣。

销售员:"由于行业竞争激烈,你们会不会感到企业的利润空间越来越低了呢?"

客户:"是的,行业间存在不正当的竞争,使企业的利润越来越薄,成本却几乎无法缩减。"

销售员:"听说,你们企业目前还是使用××设备?"

客户:"是的。"

销售员:"据我们公司最新数据统计显示,那些购买了我们设备的企业,在不增加人力成本和材料成本的前提下,盈利都比同期增加了 15%。我希望我们的产品也能让你们的企业得到更多的利润。"

客户:"什么产品?"

销售人员:"××产品……"

这位推销员利用什么时机用一句话切入了正题? 你认为他成功了吗?

_____

_____

(四) 提问与倾听

电话销售的关键在于销售中的沟通表达方式。多问少说永远是销售的黄金法则,但是一定要问对问题:问一个有利有效的问题,问能够稳定顾客思维方式的问题,借助提问来了解顾客的最大需求,并确认他能否成为目标客户。

此外,还要善于倾听,倾听客户真正的需求。关于倾听的要点本书之前的相关主题已有详细介绍,此处不再赘述。

主题要点

1. 电话营销员应具备的沟通素质。

2. 电话营销的步骤:寻找目标客户、打电话前做好准备工作、电话结束后要记录整理。

3. 电话营销的语言技巧包括:开场白的技巧、赢取信任、迅速切入正题,提问与倾听。

一周训练计划表

时间安排	训练内容	效果评估
星期一	用你学到的知识及技巧模拟给同学、熟人拨打推销电话	
星期二	总结经验,模拟给陌生人拨打推销电话	
星期三	总结两天的电销经历,设计好开场白再打电话	
星期四	把推销经历记下来,分析哪个电话是成功的,你是怎么说的,有什么效果等	
星期五	与同学互相交流电话推销心得,互相提意见	

口语交际能力训练

第十章 洽　　谈

主题一　洽谈技巧

> 在购买时,你可以使用任何语言;但在销售时,你必须使用购买者的语言。
>
> ——玛格丽特·斯佩林斯

洽谈即谈判。洽谈是社会生活中经常发生的事情,每个人几乎都能在某一特定条件下成为一个洽谈者:与小商贩讨价还价,购买他的农产品;与单位的领导讨论个人的工作调动;也可能作为企业代表与其他洽谈者磋商某一交易合同;甚至作为外交人员与其他国家的官员商讨国家间的事情,这些都是洽谈。它是我们生活中不可缺少的一部分,在营销活动中,洽谈更是至关重要的一个环节。以下我们主要围绕营销洽谈进行介绍。

洽谈前必须制定促销计划,它是洽谈准备工作的一个重要部分,尤其是对要求上门服务的客户。洽谈计划准备得越详细越有针对性,成功率就越高。但是,要促成顾客的购买行为还须运用一定的语言技巧。

一、讨价还价的技巧

顾客在做出购买行为前,通常会就价格问题提出异议,进行讨价还价。尽管价格并不是洽谈的最主要内容,但是讨价还价的过程却可能直接影响乃至决定交易的成败,所以,推销员必须掌握一些讨价还价的策略和语言技巧方能尽快促成交易的达成。

1. 用较小单位报价

这里的"较小单位"是指将报价的基本单位缩小,以隐藏价格的"昂贵",使顾客产生"所费不多"的错觉。

经验表明,以一件产品的单价报价,比以一打产品的价格报价更能促成交易。比如,芫荽一斤6元,若报价是芫荽一两6毛,顾客听起来就觉得便宜。

2. 证明价格合理

无论出于什么原因,顾客多多少少都会对价格产生异议,大都认为产品价格比他想象的要高。这时,推销员必须证明产品的定价是合理的。

证明的办法就是突出介绍产品在设计、质量、功能等方面的优点。推销员应用说服技巧,透彻地分析、讲解产品的各种优点,指明顾客购买产品后的利益所得将远远大于支付货款的代价。

3. 适当让步

在讨价还价过程中,买卖双方都是要作出一定让步的。尤其是作为推销员,但如何给出让步也会关系到整个洽谈的成败。

就常理而言,虽然每一个人都愿意在讨价还价中得到好处,但并非每个人都是贪得无厌的,多数人是只要得到一点点好处,就会感到满足。因此,推销员在洽谈中要在小事上做出十分慷慨的样子,使顾客感到已得到对方的优惠或让步。

4. 尾数报价

推销员报价时,保留价格尾数,采用零头标价,如报价为 9.98 元,而不是 10 元,使价格留在较低一级的档次。这样,一方面会让人觉得很便宜,另一方面又因其标价精确给人以信赖感。尾数报价可以满足顾客求实消费的心理,使之感到物美价廉。

5. 分阶段讨价还价

和顾客讨价还价要分阶段一步一步地进行,不能一下子降得太多,而且每降一次要表现出为难的样子,使顾客觉得还价来之不易,甚至就是物超所值。

> **案例与启发 10 - 1**
>
> 　　有位汽车销售员某天遇到一位客户想买车,该车的销售价格是 42.53 万,但是客户的心理价位是 40 万,就说想等等再买。销售员想拿下这个订单,于是就去请示老总 40 万的价格能否出售。老总说:"可以啊,你去给他打电话,但是不要说 40 万价格可以成交,在此基础上加个 5000 元,或者跟客户说可以赠送一些礼品之类的话⋯⋯"于是这个销售员很听话,立刻就按老总的指示在电话里全部跟客户说了,但是该客户听到自己的心理价位能够满足,又改话了:"哦,这个价格可以降啊! 我就说嘛! 这样吧,如果能降到 38 万再给我打电话。"销售员听到后火冒三丈,来了一句:"你买得起车吗?"然后挂断了电话。
>
> 　　请分析一下这个销售员没有拿下这个订单的原因。
>
> _____
>
> _____

6. 比较法

为了消除价格障碍,推销员在洽谈中还可以采用比较法。做法是拿所推销的商品与另外一种商品相比,以说明价格的合理性。在运用这种方法时,如果能找到一个很好的角度来引导顾客,效果会非常好,譬如把商品的价格与日常支付的费用进行比较,或是对比所推销的商品此前此后的价格。

二、促成顾客的购买行为的技巧

(一)及时捕捉顾客的购买信号

1. 语言信号

① 顾客把话题集中在某一产品上。

② 顾客多次反复询问同一种产品。

③ 顾客向他人征求意见或询问有无赠品。

④ 顾客开始讨价还价。

⑤ 顾客提出并开始讨论有关最快交货时间及限制条件。

⑥ 顾客提出关于产品的运输、保存与拆装等有关购买后的问题。

⑦ 顾客提出关于产品的使用与保养注意事项。

⑧ 用假定的口吻谈及购买等。

2．行为信号

① 顾客不断点头或突然沉默。

② 顾客开始关注营销员。

③ 不断查看价格单。

④ 顾客再次回到某一产品的展示台前。

3．表情信号

① 顾客的面部表情从冷淡、怀疑、深沉变为友好、随和、亲切。

② 顾客眼睛发亮。

③ 顾客脸部表情变得认真。

（二）促使顾客接受所推销的产品

抓住顾客的购买信号，及时积极地"推"顾客一把，加快促使顾客作出购买决定。促使顾客接受产品的方法有以下几种。

1．帮助顾客寻找购买的理由

给顾客一个合理的借口，一个购买的理由。只有理由合理，顾客才会有购买行为。

2．诱导促使法

为了引起客户的兴趣，刺激其购买欲望，洽谈者巧妙地把客户的需求和欲望与产品紧密地结合起来，诱导客户明确自己对产品的需求，最终说服其购买的一种方法。

① 层层诱导：洽谈者在与顾客的接触中，热情而自然地由易到难、由小到大、由浅到深步步诱导，以激发顾客强烈的购买欲望。作为服装导购员，一般都会这样说"看看吧，买不买没关系。""试试吧，也许穿上很好看呢。""这衣服太合身了，您穿着更年轻了！"

② 定向诱导：就是让客户在两者之间或给定的范围内做出选择。比如，"你喜欢 A 还是B？""你要这一件还是那一件还是……"这一种假定的前提是顾客喜欢或已经有了初步的购买意愿，只不过是如何选择的问题；忌问对方需不需要、买不买等，这样你只会得到两个答案——要或不要。所以使用这一方法必须是建立在对顾客有一定了解的基础上。

3．从众心理促使法

这是指洽谈者利用顾客的从众心理，营造众人争相购买的社会气氛，促成顾客迅速做出购买决定。

4．无风险促使法

这是指洽谈者让顾客充分了解购买所推销的产品无需承担任何风险，消费者可以在十足把握的情况下再进行交易。

📖 **案例与启发 10 - 2**

　　一位老农想要为他的儿子买一匹骏马。在他居住的镇里，共有两匹马出售，从各方面来看，这两匹马没什么差别。

　　其中一位卖马商人的马售价为 2000 美元，想要就可以牵走。另一位卖马商人则索价2800 美元，但是他告诉老农，在老农做决定前，老农和他的儿子可以先试骑一个月，而且他会准备这一个月所需的草料,并让他自己的驯马人每周一次到老农家去教他儿子如何喂养及照顾。最后他说,在一个月的试骑结束时,他会到老农家将马取回,把马舍清扫干净;或是收取 750 美元,将小马留在老农家。

老农会买哪位商人的马呢?这位商人采用什么样的方法促成了这笔生意?

_____

_____

5. 让步促使法

让步的促使法是指通过某种优惠条件(如:价格、折扣、抽奖、赠品等)做出一定让步来促成交易。

> 案例与启发 10 - 3
> 顾客说:"你再优惠点我就买了。"
> 营销员说:"本来我们此次的促销活动规定只有消费满 300 元才可以赠送贵宾卡,如果您现在购买,即使才 200 元我们也可以送您一张贵宾卡,希望您给我们多宣传,多带朋友来惠顾!"
> 顾客:"那好吧。"
> 从上例中你体会到优惠促销有什么好处?
>
> _____
>
> _____

三、洽谈异议的处理技巧

洽谈受阻常常来源于顾客的异议,而且这一异议往往出现在洽谈的关键时刻,这是洽谈过程中的正常现象,是成交的前奏与信号。中国有句古话:贬货者才是真正的买主。在这一阶段中,如何有效地处理顾客的异议显得尤为重要。如果营销人员只在前面圆满地消除了顾客的异议,而在最后关头却不能说服顾客,那一切的努力都将付诸东流。

(一)顾客异议的成因

很多时候顾客的异议都源于顾客本人的偏见或习惯,也有可能没有真正认识自己的需要或者缺乏足够的购买力,或是对商品(质量、价格、品牌、包装、销售服务)不了解,或者已经有比较固定的购销关系,当然也有可能是对推销员没有好感等。

当遇到顾客提出异议时,应当仔细观察和准确判断好顾客异议的成因,便于采取相应的策略及方法消除这一异议。

一位汽车推销员正在电话里同顾客进行交谈。顾客虽然很有礼貌,但态度显得很强硬:"不,谢谢你啦!我现在不需要购买新汽车,如果需要的话,我自己会找汽车经销商的。记得一年前,我经不起一个推销员的百般劝说,就向他购买了一辆小汽车,可是还没用多长时间,那辆汽车就坏了。老实对你说吧,吃亏上当只有一次,我再也不会听你们那套销售经了。"

你认为这位顾客的异议从何而来,你有什么应对办法?你从中体会到了什么?

_____

_____

(二)处理顾客异议的原则与策略

1. 原则

尊重顾客异议,维护顾客的自尊,强调顾客受益并且永不抱怨。

2. 策略

在某些情况下,顾客表面的异议并不能称为真正的异议。当顾客提出异议后,首先耐心倾听,对顾客的异议表示同意或赞同,然后分清并了解这些异议产生的原因,再消除顾客异议。将顾客的每一个异议转换成顾客的一个问题来思考。

比如,当顾客说:"你的产品太贵了。"听到这一句话,你要将其转换成顾客在问你:"请你告诉我为什么你的产品值这么多钱?"或是"请你告诉我,为什么我花这么多钱购买你的产品是值得的?"来思考。

(三)处理顾客异议的方法

针对顾客的异议,需要采取不同的方法进行处理,下面介绍七种比较常用的方法。

1. 正面处理法

如果顾客的反对意见是产生于对产品的误解,销售员不妨利用手头上可以帮助说明问题的资料,辅以解释说明,这样让顾客看到你的信心,从而增强顾客对产品的信心,但要注意态度一定要友好而温和。这种方法的不足之处是容易增加顾客的心理压力,弄不好会伤害到顾客的自尊心和自信心,不利于推销成功。例如,当异议产生于对产品的错误理解,则可以这样应答:"先生,对不起!我刚才没表达清楚,实际是这样……"

 演练与提高 10-1

顾客:"你的沙发框架时间长了会断裂吗?"如果你是导购员,你会如何采用正面处理法来应对?

_____

_____

2. 间接否定法

开始要附和顾客的异议，削弱对方的戒备，然后委婉地说"不"，以纠正异议。例如，当顾客拿我们的产品与竞争对手对比价格，而我们的价格又不占优势时，最好的做法就是用这样一个问题反问他："先生，我们在购买产品时确实要考虑价格的因素，但是当您在考虑价格的同时，也会注意到产品的质量，这才是最重要的，您说是吗？所以只要您对我们产品有了更多的了解，就会明白我们的产品绝对是物超所值的。"

 演练与提高 10 - 2

当顾客提出营业员推销的服装颜色过时了，如果你是营业员，你将怎样应对？

_____

_____

3. 转化法（也叫"太极法"）

转化法的基本做法是，当顾客提出不购买的异议时，推销人员应立刻把顾客的反对意见直接转换成他必须购买的理由。

转化法处理的多半是顾客对于购买或选择摇摆不定的异议，有时甚至是顾客的一些借口，转化法最大的目的就是让推销人员能够借处理异议之机，迅速地强调商品能带给顾客的利益，以加强顾客购买的意愿。例如，当顾客提出一个异议后，推销员就顺着他的话说："先生，这也是您为什么要买我们产品的原因。"

 演练与提高 10 - 3

当一位打算购买沙发的顾客抱怨说："人家××品牌的沙发坐垫都很软，而你们的坐垫却那么硬。"如果你是推销员，你将怎样采用转化法促成这笔生意？

_____

_____

4. 补偿法（也叫"以优补劣法"）

如果顾客的反对意见的确说中了产品或公司所提供的服务中的缺陷，千万不可以回避或直接否定。明智的做法是肯定有关缺点，然后淡化处理，利用产品的优点来补偿甚至抵消这些缺点。这样有利于使顾客的心理达到一定程度的平衡，促使顾客作出购买决策。需要注意的是，使用补偿法的前提是顾客得到补偿的利益要大于异议涉及问题会造成的损失；承认与肯定的顾客异议必须是真实而有效的，最好是单一的有效异议。例如，当批发客户反映"这批羽绒服要到10月以后才销得出去，提前两个月进货，占用资金时间太长了。"推销员可以这样应对："是啊，可是现在进货可以享受七折优惠。您算算，还是很划算的。"

演练与提高 10-4

"这个皮包的设计、颜色都非常棒,令人耳目一新,可惜皮的品质不是特别好的。"假设你是推销员,请试着采用补偿法来促成这笔生意。

_____

_____

5. 问题引导法

推销员可以通过向顾客提问题的方法来引导顾客,让顾客主动消除自己的疑虑,自己找出答案。所问问题大致包括"为什么、是什么、怎么样、在何处、何人、何时"六个方面,这样,通过攻守易位,会收到良好效果。需要注意的是,对顾客的询问应当及时;要把握住客户真正的异议点。

 案例与启发 10-5

顾客:"我想我妻子可能不太喜欢这双丝袜。"

推销员:"为什么她不喜欢?"

顾客:"这双丝袜太长。"

请分析推销员这样问的好处在哪里。

_____

_____

6. 忽视法

所谓忽视法,就是回避、忽视顾客的某些异议,将顾客的注意力转移到主要问题上来。运用忽视法可以使推销人员避免在一些无关、无效的异议上浪费时间和精力,以免发生节外生枝的争论,从而可以节省时间,提高工作效率。但此法不可滥用,在运用时应注意:即使顾客的异议是无效的、虚假的,推销人员也要尊重顾客,耐心地倾听,态度要温和谦恭;在忽视顾客的某一异议时,应马上找到另一个需要顾客重视的内容以免让顾客感觉受到冷落。

 案例与启发 10-6

涂料推销人员小陈向一位公司采购部张经理进行推销活动。

张经理:"你们公司生产的外墙涂料日晒雨淋后会出现褪色的情况吗?"

小陈:"经理您请放心,我们公司的产品质量是一流的,中国平安保险公司给我们担保。另外,您是否注意到东方大厦,它采用的就是本公司的产品,已经过去10年了,还是光彩依旧。"

张经理："东方大厦啊,我知道,不过听说你们公司交货不是很及时,如果真是这样的话。我们不能购买你们公司的产品,它会影响我们的工作。"

小陈："经理先生,这是我们公司的产品说明书、国际质检标准复印件、产品价目表,这些是我们曾经合作过的企业以及他们对我们公司、产品的评价。下面我将给您介绍一下我们的企业以及我们的产品情况······"

请分析上例中顾客有几点异议,推销员是如何应对的。

_____

_____

7. 预防处理法

预防处理法是指推销人员在拜访洽谈中,确信顾客会提出某种异议,就在顾客尚未提出异议时,自己先把问题说出来,继而适当地解释说明。

📖 案例与启发 10 - 7

推销员希望客户在 15 天内付款,他于是这样说:"先生,您一眼就可以看出我们公司产品的质量是可靠的,并且价格也比较合理,在操作上也很有特点。您也知道,我们公司要维持合理价格,既凭借可靠的质量、高效率的操作,同时也采用企业界的一般做法,如要求客户在规定期限内付款。虽然会有客户对此方面略有抱怨,但看在我们的产品物美价廉,也基本都能接受,您认为呢?"

请分析预防处理法的好处及注意事项。

_____

_____

主题要点

1. 洽谈的特点与重要性,以及制定洽谈计划的必要性。

2. 洽谈的语言技巧体现在:讨价还价的技巧,促成顾客的购买行为,以及处理顾客的异议。

3. 讨价还价的技巧有:用较小单位报价、证明价格合理、适当让步、尾数报价、分阶段讨价还价和比较法等。

4. 可以通过及时捕捉顾客的购买信号,促使顾客接受所推销的产品(帮助客户寻找购买的理由、诱导促使法、从众心理促使法、无风险促使法、让步促使法)。

5. 处理顾客异议包含的内容有:了解顾客异议成因,处理顾客异议的原则与策略,处理顾客异议的方法(正面处理法、间接否定法、转化法、补偿法、问题引导法、忽视法、预防处理法)。

一周训练计划表

时间安排	训练内容	效果评估
星期一	以顾客身份走上市场试着与商家或摊主讨价还价	
星期二	以推销员的身份向他人推销物品,试着与他讨价还价	
星期三	仔细观察,并将自己或他人决定购买时的心理、语言、表情、动作记录下来	
星期四	亲身体验,感受在什么情况下以什么样的促使方法是最有效的	
星期五	试着向他人推销物品	

主题二 商务洽谈

> "……实质上,谈判是一种在双方都致力于说服对方接受其要求时所运用的一种交换意见的技能。"
>
> ——威恩·巴罗和格莱恩·艾森

商务洽谈即商务谈判,是指当事人各方为了自身的经济利益,就交易活动的各种条件进行洽谈、磋商,以争取达成协议的行为过程。它是一门综合性的科学,被认为是社会学、行为学、心理学、管理学、逻辑学、语言学、传播学、公共关系学和众多经济、技术科学的交叉产物。以一宗出口交易洽谈为例,要求洽谈者不仅要熟悉了解交易产品的技术性能、生产工艺,还要了解进出口国有关贸易的各项规定、法令和政策,甚至各民族习俗、消费特点、购买心理,否则,他们就不能进行有效的协商,不能很好地完成交易活动。

一、商务谈判的基本原则

(一)双赢原则(即互利互惠原则)

双赢原则是指谈判双方在讨价还价、激烈争辩中,重视双方的共同利益尤其是考虑并尊重对方的利益诉求,从而达到在优势互补中实现自己利益的最大化。

双赢原则的谈判思路:第一,提出新的选择;第二,寻找共同的利益;第三,协调分歧利益。

案例与启发 10-8

戴安在一家俱乐部做经理,他计划为俱乐部建一个舞厅。他找到一个承包商,而这个人正想进入建筑行业。承包商愿意为他廉价提供一个优质的舞厅,作为开张优惠,同时他要求在舞厅建成后允许别的客户参观,以宣传工程质量,为自己招揽生意。戴安答应了,但他又进一步要求承包商承担装饰工程。承包商开始很不乐意。戴安告诉他,舞厅美观有利于宣传工程质量。后来,承包商不仅答应再加装饰而且不惜工本地大加装饰。最终戴安以很优惠的价钱得到了一个装修非常不错的新舞厅,而承包商也获得几笔新的生意。这笔交易在双方都很满意和互惠的情况下成功了。

戴安为什么要找这个正想进入建筑行业的承包商?他是如何协调双方的利益使之达到利益最大化的?你从这个案例中体会到了什么?

_____

_____

(二)相互合作原则

这一原则是指参与谈判的各方都是合作者,而非竞争者,更不是敌对者。双方应以极大的诚意谋求合作,开诚布公,促成谈判取得成功。

坚持合作的原则,并不排斥谈判策略与技巧的运用,合作是解决问题的态度,而策略和技巧则是解决问题的方法和手段,两者是不矛盾的。

相互合作原则的基本要求包括:着眼于满足双方的实际利益,建立和改善双方的合作关系;坚持诚挚与坦率的态度;实事求是。

相互合作原则的谈判思路:第一,求同存异;第二,妥协策略;第三,强调对方的获益;第四,设身处地;第五,分中求和。

案例与启发 10-9

上海某布鞋厂与日本 A 株式会社做一笔布鞋生意,因日方预测失误,加之海上运期长,布鞋到日本时已错过了销售季节,造成大量积压。日方提出退货,按惯例这显然是行不通的,但中方原则上却同意了。日方说,如果不退货,我们就要破产,中方就会少了一个合作伙伴;这批货虽然退回,但可以同等货价的一批畅销货替换。日方还答应,所有退货的运杂费用由日方支付,以后再进同样的货时,会优先考虑这个厂家。中方认为,这批退货在国内销售并不会赔钱,因为"出口转内销"是具有吸引力的;更重要的是,如果日方破产,必将在日方同行中产生不良影响,损害我方声誉。基于上述理由,中方同意退货,并在选择替代的一批货时,不但保质保量,而且按时发运,使日方 A 株式会社大赚了一笔,挽救了这家濒临破产的企业。此事在日本立即见报,马上有几家客户来人来函要求与这家布鞋厂合作。中方厂家不但没有赔钱,反而身价百倍,产品供不应求。日方 A 株式会社要求作为中方厂家对外销售的总代理,全部产品包销,一订就是几年的合同,而且还积极向我方提供国际市场的有关情报,两家合作得很好。

你认为我方这样处理是否恰当?我方这样处理体现了怎样的谈判思想?该案例中我方运用了什么策略避免了谈判僵局?

_____

_____

（三）客观标准的原则

客观标准是指独立于各方意志之外、合乎情理和实用的准则。它可能是一些惯例、通则、法规，也可能是职业标准、道德标准、科学准则等。为了更有效地运用客观标准，有几个方面需要注意：

① 尽量发掘可作为协议基础的客观标准。

② 寻找客观依据，建立公平的利益分配方法。

③ 善于阐述自己的理由，用严密的逻辑推理来说服对方。

④ 始终保持冷静理性的态度。

案例与启发 10－10

1985 年，某友好国家工业贸易代表团来华谈判，该国大使先找到有关领导要求促成贸易合作。有关领导指示，在可能的前提下，尽量与对方达成协议。对方要求向中国出口矿山设备，要价高且质量不及先进国家的水平。中方代表很为难，如果答应，中方损失很大，如果当场拒绝，又怕影响两国关系，最后中方代表想出了办法，要求对方拿出一台矿山设备到我国北方严寒地区进行一定时间的试验。如果能在零下 40 摄氏度中正常工作，我方可以留购，对方答应回去研究。两个月后，对方答复说，他们国家最低温度才零下 7.2 摄氏度，要适应我国的工作条件，技术上有困难，于是，对方放弃了向我国出口矿山设备的要求。

这个案例给了我们怎样的启示？

（四）人事分开的原则

所谓人事分开的原则，就是在谈判中把对谈判对手的态度与讨论的问题区分开来，就事论事，不要因人误事。具体做法是：

① 在谈判中，当提出建议和方案时，也要站在对方的角度考虑提议的可能性，理解和谅解对方的观点、看法。

② 让双方都参与提议与协商。

③ 保全面子，不伤感情。多沟通，多阐述客观情况，避免责备对方，对事不对人。

（五）守信诚实的原则

所谓"守信"即言必行行必果，所谓"诚实"是说任何谈判都要诚心诚意。这既是一条谈判原则又是谈判成功的有效法宝之一。

依据守信诚实的原则，在谈判中谈判者应该做到：

① 讲信用，遵守谈判中的诺言，这是取信于人的核心。

② 信任对方，这是守信的基础，也是取信于人的方法。

③ 不轻诺，这是守信的重要保障。轻诺寡信必将失信于人。

④ 以诚相待，这是取信于人的积极方法。

诚实与保守商业机密并不矛盾，诚实的意义在于不欺诈，谈判人员都要明白这样的道理。

(六)求同存异的原则

求同存异的原则是指谈判中,面对利益分歧要从大局着眼努力寻求共同利益。求同原则要求谈判各方首先要立足于共同利益,要把谈判对象当作合作伙伴而不仅视为谈判对手,同时要承认利益分歧正是由于需求的差异和利益的不同才可能产生需求的互补和利益的契合,才会形成最终的共同利益。

贯彻求同存异原则要求:

① 着眼于自身发展的整体利益和长远利益的大局。

② 着眼于长期合作的大局。

③ 善于运用灵活机动的谈判策略,通过妥协寻求协调利益和解决冲突的办法构建和增进共同利益。

④ 要善于求同存异,不仅应当求大同存小异,也可以为了求大同而存大异。

📖 **案例与启发 10-11**

美国约翰逊公司从一家有名的 A 公司购买了一台分析仪器用于研究开发产品,使用几个月后,一个价值 2.95 美元的零件坏了,约翰逊公司希望 A 公司免费调换一台新仪器。A 公司却不同意,认为零件是因为约翰逊公司使用不当造成的,并特别召集了几名高级工程师来研究,寻找证据。双方为这件事争执了很长时间,几位高级工程师费了九牛二虎之力终于证明了责任在约翰逊公司一方,取得了谈判的胜利。但此后整整 20 年时间,约翰逊公司再也没有问 A 公司买过一个零件,并且告诫公司的职员,今后无论采购什么物品,宁愿多花一点钱、多跑一些路,也不与 A 公司发生任何业务交往。

请你评价一下,A 公司的这一谈判究竟是胜利还是失败? 你有什么建议?

(七)知己知彼的原则

"知己"即首先了解自己,了解本企业产品及经营状况,全面地分析自己的优势、劣势,评估自己的力量;"知彼"即对谈判对手、谈判的企业、企业的产品进行一系列基础性调查。此外还应"知市场行情"、"知同行",也就是关注行业内其他企业的产品及经营状况。在一个信息大爆炸的时代,谈判的力量很多情况下表现为信息掌握的多和广,唯有充分掌握资讯,才能做到心中有数,把住底线,游刃有余地开展谈判。

(八)合法原则

合法原则是指谈判及其合同的签订必须遵守相关的法律法规,对于国际谈判,应当遵守国际法,尊重谈判对方所在国家的有关规定。所谓合法,主要体现在四个方面:谈判主体必须合法;交易项目必须合法;谈判过程中的行为必须合法;签订的合同必须合法。

① 谈判主体合法是谈判的前提条件。无论是谈判的行为主体还是谈判的关系主体,都必须具备谈判的资格,否则就是无效的谈判。

② 交易项目合法是谈判的基础。如果谈判各方从事的是非法交易,那么他们为此举行的谈判不仅不是合法的谈判,而且其交易项目应该受到法律的禁止,交易者还要受到法律的制裁,如:买卖毒品、贩卖人口、走私货物等,其谈判肯定是违法的。

③ 谈判行为合法是谈判顺利进行并且取得成功的保证。谈判要通过正当的手段达到目标，而不能通过一些不正当的手段谋取私利，如：行贿受贿、暴力威胁等。只有在谈判中遵循合法原则，谈判及其签订的合同或协议才具有法律效力，谈判当事人的权益才能受到保护，实现其预期的目标。

二、商务谈判的技巧

在商务谈判中，要说服对手接受己方的条件是一项艰巨的"攻关项目"，它不仅要求谈判者能娴熟地综合运用提问、倾听、答复等各种语言技巧，而且还要求掌握如下的要领。

（一）先易后难，步步为营

在商务洽谈中，对于双方所要讨论的问题，应先权衡其难易程度，按"先易后难"的次序，先谈容易达成协议的问题，这样更容易达到预期的效果，取得成效。双方如果从一开始就显示出合作的诚意和彼此的信任，从而创造友好的洽谈气氛，就能减少双方的猜忌，增强彼此对交易成功的信心和愿望。如此循序渐进，每一个问题的解决都为下一个问题的解决奠定了良好的基础。

案例与启发 10-12

汤姆的汽车意外地被一部大卡车撞毁了，幸亏他的汽车投过全险，可是确切的赔偿金额却要由保险公司的调查员鉴定后加以确定。调查员依据保险单的条款，认为按照公司的规定汤姆最高也只能获赔 3500 元。但汤姆认为他应该按照保单得到 4000 元的赔偿。于是双方就赔偿金额有了下面的对话：

调查员：我今天在报上看到一部使用了七八年的菲亚特汽车，出价是 3400 元。

汤姆：噢！上面有没有提到行车里数？

调查员：49000 公里。为什么你会问这个？

汤姆：因为我的车只跑了 25000 公里，你认为我的车子可以比那部车多值多少钱？

调查员：让我想想……150 元。

汤姆：假设 3400 元是合理的话，那么就是 3550 元了。广告上面提到收音机没有？

调查员：没有。

汤姆：你认为一部收音机值多少钱呢？

调查员：125 元。

汤姆：冷气呢？

……

结果两个半小时之后，汤姆拿到了 4012 元的支票。

汤姆用什么样的方法获得了超过自己预想的赔偿金额？

口语交际能力训练

（二）示之以利，淡化其弊

由于洽谈者以利的追求参与洽谈，会十分注意利益的得失。因此，为了说服对方，应先迎合对方逐利的本能，示之以利，用利益来激发对方的兴趣和热情，然后，略述其弊，这样，对于"利"先入为主的思维定势，往往有助于稀释其后所陈述的"弊"给对方所能带来的消极作用，达到良好的劝说效果。

> ❤ 案例与启发 10-13
>
> 　　戴尔·卡耐基有一段时间每个季度都有 10 天会租用纽约一家饭店的舞厅举办系列讲座。某天，他突然接到这家饭店发来的一封要求将租金提至两倍的通知。当时举办系列讲座的票已经印好且已发出去了。卡耐基当然不愿意支付提高的那部分租金。几天后，他去见了饭店经理。他说："收到通知，我有些震惊。但是，我一点也不埋怨你们。如果是我，可能也会写一封类似的通知。作为饭店的经理，你的责任是尽可能多地为饭店谋取利益，如果不这样，你就可能被解雇。但如果你提高租金是否就能真的获利呢？那么让我们来分析一下这样做的好处和坏处……"接着，他拿出纸在中间画了一条线左边写"利"，右边写"弊"，在利的一边写下了"舞厅供租用"。然后说："如果舞厅空置，可以出租供舞会或会议使用，这是非常有利的，因为这些活动给你带来的利润远比办系列讲座的收入多。如果我在一个季度中连续 20 个晚上占有你的舞厅，这意味着你将失去一些非常有利可图的生意。""现在让我们考虑'弊'的方面。首先你并不能从我这里获得更多的收入，只会获得更少，实际上你是在取消这笔收入，因为我付不起你要求的价，所以我只能被迫改在其他的地方办讲座。其次，这个讲座吸引了很多有知识、有文化的人来你的饭店。这对你来说是个很好的广告，是不是？实际上，你即使花 5000 美元在报上登个广告也吸引不了比我的讲座能带更多的人来这个饭店。这对于饭店来说是很有价值的。"卡耐基把这些都写了下来，然后交给经理说："我希望你能仔细考虑一下，权衡一下利弊，然后告诉我你的决定。"第二天，卡耐基收到一封信，通知他租金只提高原来的 1.5 倍，而不是原来的两倍。
>
> 　　请分析戴尔·卡耐基的谈判思路同时谈谈你的体会。
>
> _____
>
> _____

（三）强调互利，激发认同

要合作，就应强调双方利益的一致性与互惠性，因此，在说服对方的过程中应及时适当地强调这场谈判的成功能给双方带来的好处，强调双方的一致性，特别要强调有利于对方的各项条件，以激发对方的积极性。

（四）恩威并施，利诱说服

谈判应建立在需要的基础上。需要是多重的，不但要尊重对方的需要，而且要善于寻找对方的需要。

我国某玻璃厂与美国某玻璃公司谈判设备引进事宜,在全套引进与部分引进这个问题上出现僵局。我方的希望是国内能生产的不打算进口,采用部分引进。为使谈判达到预期目标,我方代表决定采取劝诱策略。他说:"你们公司的技术、设备和工程师都是世界第一流的。引进你们的设备搞技术合作,一定可以使我们成为全国第一的玻璃生产企业,相信这不仅对我们有利,对你们更有利。"对方听后很高兴气氛也随之活跃起来。此时,我方代表话锋一转,接着说"我们厂的外汇的确很有限,不能买太多的东西,所以国内能生产的就不打算进口了。现在你们也知道日本、比利时、法国等都在跟我们厂搞合作,如果你们不尽快跟我们达成协议的话,那么你们就要失去中国的市场,人家也会笑你们公司无能。"这番话打破了僵局,最后达成了协议。同时为我方省下了一大笔资金,而美方也因帮助该厂成为全国同行业产值最高、能耗最低的企业而名声大振,赢得了很高的声誉。

你从上面的案例中悟出了什么?

_____

_____

（五）顺从迂回,示其结果

谈判者是以逐利为目的的参与的,而谈判则是为解决问题而举行的,因此,谈判过程中难免会出现为维护己方的利益而陷入僵局的情况,此时若一味坚守己方条件,则僵局难以打破,有经验的谈判者常采取顺从的办法,同时指出接受对方条件可能出现的后果是双方都无利可图,使对方知难而退。

案例与启发 10 - 15

柯泰伦曾是苏联派驻挪威的全权代表,她精明强干,可谓女中豪杰,她的才华多次在外交和谈判桌上得以展示。有一次,她就当时苏联进口挪威鲱鱼的有关事宜与挪威商人谈判。挪威商人精于谈判技巧,狮子大开口,出了个大价钱,想迫使买方把出价抬高后再与卖方讨价还价。而柯泰伦久经商场,一下识破了对方的用意。她坚持出价要低、让步要慢的原则。买卖双方都拿出了极大的耐心,不肯调整己方的出价,都希望削弱对方的信心,迫使对方作出让步,谈判进入了僵持的状态。柯泰伦为了打破僵局,决定运用谈判技巧,迂回逼近。她对挪威商人说:"好吧,我只好同意你们的价格了,但如果我方政府不批准的话,我愿意以自己的工资支付差额,当然还要分期支付,可能还要支付一辈子的。"挪威商人只得调整报价,使谈判达成了双方都比较满意的结果。

在这个案例中,柯泰伦是如何迫使挪威商人让步的呢?

_____

_____

（六）以诚相待,赢取信任

谈判中应当提倡坦诚相见。不但将对方想知道的情况如实相告,而且可以适当透露我方的某些动机和想法。坦诚相见是获得对方同情和信赖的好方法。不过应当注意与对方坦诚相见难免要冒风险，对方可能利用你的坦诚逼你让步，你也可能因而处于被动的地位。因此坦诚相见是有限度的，并不是将一切和盘托出，应以赢得对方信赖又不使自己陷于被动为原则。

案例与启发 10-16

A 先生与 B 先生谈一笔黄豆的买卖。A 先生是买方，出价每吨 136 美元；B 先生是卖方，报价是每吨 150 美元。经过认真坦率的谈判，互相妥协。A 先生表示愿出 140 美元买进，B 先生表示愿以 145 美元的价格卖出。最后，双方因上司授权限制，说了爱莫能助之类的话后分手告别。三天后，A 先生接到 B 先生的电话，说愿以每吨 140 美元的价格卖出。原来，B 先生的公司资金周转出了些问题，急需现金。A 先生约 B 先生面谈，B 先生在介绍了情况后，A 先生说：伙计，经过慎重考虑，我愿以每吨 145 美元的价格买进。B 先生喜出望外，紧紧握住 A 先生的手连声道谢。

请你评价一下，A 先生为什么这么做。

_____

_____

主题要点

1. 商务洽谈即商务谈判，是指当事人各方为了自身的经济利益，就交易活动的各种条件进行洽谈、磋商，以争取达成协议的行为过程。它是一门综合性的科学。

2. 商务谈判的基本原则：双赢原则、相互合作原则、遵循客观标准原则、人事分开的原则、守信诚实的原则、求同存异的原则、知己知彼的原则、合法原则。

3. 商务洽谈中的语言表达技巧：先易后难，步步为营；示之以利，淡化其弊；强调互利，激发认同；恩威并施，利诱说服；顺从迂回，示其结果；以诚相待，赢取信任。

一周训练计划表

时间安排	训练内容	效果评估
星期一	你认为自己是一个善于谈判的人吗？请分析自己并记录下来	
星期二	观察同学之间谈判式的交谈，分析哪位同学的谈判更有效果，更能让人接受	
星期三	寻找平日里与你的父母（或他人）发生争执的事，试着就此事与他们商谈	
星期四	请尝试遵循双赢原则解决你与他人或他人与他人之间的纠纷	
星期五	经过训练，你纠正了哪方面的问题，哪方面还有提升的空间，还存在什么问题，并做记录	

口语交际能力训练

图书在版编目(CIP)数据

口语交际能力训练/陈慧娟主编. —上海:华东师范大
学出版社,2015.3
ISBN 978 - 7 - 5675 - 3209 - 0

Ⅰ.①口…　Ⅱ.①陈…　Ⅲ.①汉语—口语
Ⅳ.①H193.2

中国版本图书馆 CIP 数据核字(2015)第 053926 号

口语交际能力训练

职业教育公共基础课程教学用书

主　　编　陈慧娟
责任编辑　李　琴
审读编辑　何　晶
装帧设计　徐颖超

出版发行　华东师范大学出版社
社　　址　上海市中山北路 3663 号　邮编 200062
网　　址　www.ecnupress.com.cn
电　　话　021 - 60821666　行政传真 021 - 62572105
客服电话　021 - 62865537　门市(邮购)电话 021 - 62869887
地　　址　上海市中山北路 3663 号华东师范大学校内先锋路口
网　　店　http://hdsdcbs.tmall.com

印 刷 者　上海市崇明裕安印刷厂
开　　本　787 毫米×1092 毫米　1/16
印　　张　12
字　　数　270 千字
版　　次　2015 年 6 月第 1 版
印　　次　2025 年 1 月第 4 次
书　　号　ISBN　978 - 7 - 5675 - 3209 - 0
定　　价　26.00 元

出 版 人　王　焰

(如发现本版图书有印订质量问题,请寄回本社客服中心调换或电话 021 - 62865537 联系)